AF537452

KENAN
MALIK

DAS UNBEHAGEN IN DEN KULTUREN

Eine Kritik des Multikulturalismus
und seiner Gegner

Aus dem Englischen
von Niels-Arne Münch

Herausgegeben
von Johannes Richardt

Die Originalausgabe erschien 2013 unter dem Titel „Multiculturalism and Its Discontents. Rethinking Diversity After 9/11" bei Seagull Books. Wir danken Autor und Verlag für die großzügige Erlaubnis, das Werk ins Deutsche übersetzen zu dürfen.

ISBN: 978-3-944610-37-5
1. Auflage 2017

Deutsche Ausgabe:

www.novo-argumente.com

Covergestaltung und Satz: www.elenareiniger.de
Druck und Bindung: Orthdruk, Bialystok
Printed in Poland

INHALT

VORBEMERKUNG

Deutschland im Herbst 2017: Mit der AfD sitzt eine Partei im Bundestag, die maßgeblich von völkisch-nationalen Thesen geprägt ist, die „den Islam" pauschal als Bedrohung für Europa betrachtet und davon träumt, Deutschland gegenüber „kulturfremder" Einwanderung abzuschotten. Ein Grund für den Aufstieg der AfD liegt darin, dass eine offene Debatte darüber vermieden wurde, wie wir das Zusammenleben von Menschen unterschiedlicher kultureller Herkunft im Einwanderungsland Deutschland gestalten wollen.

Wir haben uns entschlossen, „Das Unbehagen in den Kulturen" im Novo Argumente Verlag zu publizieren, weil wir davon überzeugt sind, dass eine Stimme wie die Kenan Maliks die deutschsprachige Debatte bereichert. Malik ist ein libertärer Linker, ein überzeugter Antirassist und gleichzeitig leidenschaftlicher Anhänger der universellen Werte der Aufklärung, was ihn wiederum zu einem entschiedenen Gegner des Multikulturalismus und der ihm verwandten Identitätspolitik macht. Kurzum: ein im besten Sinne des Wortes Progressiver.

Sein Buch ist eine Kritik sowohl der Multikulti-Ideologie als auch ihrer rechten Kritiker. Einwanderung und kulturelle Vielfalt sind ein Gewinn für jede Gesellschaft. Der Ansatz des Multikulturalismus hingegen setzt auf die Überbetonung und Institutionalisierung kultureller Unterschiede. So werden politische Debatten und die Suche nach gemeinsamen Zielen und Werten für die Gesellschaft erschwert.

Dass auch die in den letzten Jahren sehr einflussreich gewordene rechte Multikulti-Kritik keine Alternative bietet, führen uns die Aussagen diverser AfD-Politiker täglich vor Augen: Sie sind vorurteilsbeladen und gehen von einem ähnlich statischen Kulturbegriff aus wie das Multikulti-Denken.

Wie kann eine progressive Antwort auf die drängenden Fragen von Einwanderung und Integration jenseits von gescheiterter Multikulti-Romantik und rechten Abschottungssehnsüchten aussehen? Wir hoffen, dieses Buch trägt zum Nachdenken und Debattieren über diese Frage bei.

Johannes Richardt,
Herausgeber, Chefredakteur des Magazins Novo

MEHR ALS EINE IRONIE DER GESCHICHTE

Das eigentliche ist das Schinkenbrot. Solange man nicht in dieses Schinkenbrot gebissen hat, bleibt die Behauptung, dass Aufklärung der Weg des Menschengeschlechts aus der selbstverschuldeten Unmündigkeit sei, abstrakt: Blasphemie, die Übertretung religiöser Tabus, ist eine entscheidende Etappe auf dem Weg aus der Unmündigkeit. Blasphemie ist die Erfahrung, dass man sein Fahrrad ohne Stützräder fahren kann, und dass der Genuss des Schinkenbrots den Himmel nicht zum Einsturz bringt - was immer die Priester auch behaupten.

Aber welcher Autor - schon gar welcher Autor muslimischen Hintergrunds - käme heute noch auf die Idee, einen Roman mit offen blasphemischem Programm zu schreiben? Die „Satanischen Verse" sind nach jenen Versen benannt, die tatsächlich existieren, aber entfernt wurden, und somit beweisen, dass auch der Koran nur eine Erzählung ist, die politischen Konjunkturen angepasst wurde. Die Provokation der „Satanischen Verse" ist zu sagen, dass Mohammed ein Mensch war - was der Koran ja angeblich selbst behauptet - also auszusprechen, was ist, und der „großen Erzählung" die weiße Magie der literarischen entgegenzuhalten. Dann kam der Bannstrahl aus Teheran, und der Himmel stürzte ein, zumindest der Sternenhimmel der westlichen Illusionen.

Kenan Malik ist der beste Historiker der Fatwa-Affäre. In „From Fatwa to Jihad" schildert er den *Cultural Turn*, den die Fatwa-Affäre in der westlichen Linken endgültig besiegelte. Es ist mehr als eine Ironie der Geschichte, dass dies im Jahr 1989 geschah: Genau in jenem Moment, als der eine Totalitarismus unter der Last seiner Lügen kollabierte, erhob der andere sein bärtiges Haupt. Die westliche Linke verriet in diesem Moment die säkularen Ideen, die irgendwo in ihrem Fundament begraben waren. Rushdie schildert in „Joseph Anton", seiner Erinnerung an die Fatwa-Affäre, seine bodenlose Enttäuschung über das Verhalten vieler Labour-Politiker. Er hatte den Kampf gegen den Obskurantismus im Iran und Pakistan und den Kampf gegen den Rassismus in Britannien noch als zwei Seiten einer Medaille gesehen. Aber nun wurde Rushdies eigene Attacke auf die Religion zusehends von Linken als Rassismus definiert. Wenig später wurde für diese Art Vorwurf der Begriff der „Islamophobie" erfunden.

Kenan Malik schildert in „From Fatwa to Jihad", wie auch er sich als ein junger Intellektueller, der gegen Rassismus kämpfte, plötzlich von der britischen Linken allein gelassen sah. Und diese Linke ist es, die heute ihren Anführer in Jeremy Corbyn hat und die die Labour-Partei gekapert hat.

Deutsche Leser täten gut daran, Kenan Malik, der von deutschen Verlagen bisher schmählich ignoriert wurde, endlich zur Kenntnis zu nehmen. Im vorliegenden Essay geht er nämlich auch zurück zu den Ursprüngen des (Multi-)Kulturalismus – und die liegen in Deutschland, bei Herder, der sich noch als Aufklärer verstand, und bei den Romantikern, die bereits eine polemische Position zu den Idealen der Aufklärung bezogen. Auch in seiner modernen Form wurde der Multikulturalismus von konservativen, aber auch linken Regierungen gewissermaßen installiert: Regierungen in Frankreich, Britannien, Deutschland förderten geradezu, dass sich Einwanderergruppen als anders definierten und kulturell von der Mehrheitsgesellschaft absetzten, denn so ließen sich Forderungen nach Integration in die Zukunft verschieben. Einwanderung ist immer ein heikles Thema. Zu jener Zeit aber, von den Fünfzigern bis in die Achtziger, so Malik, verstanden sich die Einwanderer nicht als „anders", im Gegenteil, sie wollten als gleiche behandelt werden.

Multikulturalismus ist laut Malik die Idee, dass Menschen „nicht *trotz ihrer Unterschiede gleich*, sondern *wegen dieser Unterschiede verschieden*" zu behandeln seien. Darum ist das Kopftuch ein so symbolisches Kleidungsstück: Die Idee der Freiheit, die westliche Frauen für sich reklamierten, steht unter den Vorzeichen des Kulturalismus unter Kolonialismusverdacht, wenn sie einfach so für muslimische Frauen gefordert wird. Die „Dissidenten des Islams" – Ayaan Hirsi Ali nimmt diese Vokabel für sich in Anspruch – sind in diesem Koordinatensystem Renegaten im Fahrwasser der islamophoben Rechten.

Wie zuvor Pascal Bruckner in Frankreich und Jens-Martin Eriksen und Frederik Stjernfelt in Dänemark skizziert Malik in diesem Essay den Weg des Kulturalismus über die Romantik in die Linke: Eine wichtige Etappe auf diesem Weg nach links waren die Klassiker der Anthropologie und Ethnologie, denen es legitimer Weise darum ging, andere Kulturen aus dem Vorurteil der westlichen Überlegenheit zu befreien. Diese Idee schlug Wurzeln bei den kanonischen Autoren des Postkolonialismus wie Frantz Fanon oder Edward Said.

Inzwischen hat sich die Idee, dass persönliche Identität eine Funktion der Gruppenzugehörigkeit sei, in der Linken wie der Rechten aufs gefährlichste verfestigt. Auf der Linken sind durch die Gender Studies nach dem Modell der kulturellen noch sexuelle Identitäten wie Totempfähle aufgerichtet worden - die eigentliche Frauenfrage regrediert in diesem Wald der Identitäten zum Nebenwiderspruch. Auf der rechten wird zuweilen unter Rückgriff auf Vokabeln des Poststrukturalismus die trübe Brühe der Leitkultur zusammengerührt, in deren Namen eine Durchlässigkeit der eigenen Länder fürs andere strikt abgelehnt wird. Aber nur aus dieser Durchlässigkeit – aus Vermischung, Widerspruch und „kultureller Aneignung“ – entsteht Fortschritt.

Malik zeigt in diesem Essay die fundamentale Symmetrie zwischen rechtem und linkem Kulturalismus, die sich teilweise aus den selben Quellen bedienen. Unter die die Räder geraten dabei die Ideen der Aufklärung, wie seinerzeit, als die Kommunistische Partei lieber die Sozialdemokraten bekämpfte als die Nazis. Darum ist auch heute die Krise der Sozialdemokratie, die sich von den identitären Diskursen leider längst hat anstecken lassen, ein besonders tragischer Aspekt.

Die heutige modische Linke, die sich in der Labour-Partei gerade institutionalisiert, ist sich ihres Irrationalismus nicht bewusst. Sie blickt ausschließlich nach rechts und identifiziert die Trumps und die Populisten als ihre Feinde. Dumm ist nur, dass sie durch ihren starren Blick in eine Richtung die Feinde in ihrem Rücken gar nicht wahrnimmt. Gefahr droht der Öffentlichkeit auch durch den fundamentalistischen Islam und eine Linke, die sich zum Zensor aufwirft. „Es ist an der Zeit, sowohl den Multikulturalismus als auch seine Gegner zurückzuweisen", schreibt Malik. Sein Buch liefert einige der wichtigsten Argumente.

Thierry Chervel,
Chefredakteur des Online-Kulturmagazins Perlentaucher

VORWORT VON
CAROLINE Y. ROBERTSON-VON TROTHA

Es ist keine neue, aber dennoch hoch gegenwärtige und handlungsrelevante Erkenntnis: Definitionen, Konzepte und Diskurse zum Thema Multikulturalismus variieren über Zeit und Raum. Schon aus diesem Grund ist es wichtig, neue Perspektiven, Konnotationen und Interpretationen von „ongoing" Debatten immer wieder neu zu betrachten, zu beleben und nach Bedarf zu revidieren. In der politischen Arena werden sie von aktuellen Ereignissen sowie deren medialer Repräsentation einerseits und von wahrnehmbaren Stimmungen potentieller Wählerinnen und Wähler andererseits beeinflusst. Innerhalb von Nachbarschaften und des öffentlichen Raums werden Gruppeninteressen formuliert, organisiert und mit Argumenten unterfüttert.

Dabei steht die anglo-amerikanische Debatte im Kontrast zur deutschen. Einstellungen und Umgangserfahrungen mit Diversität unterscheiden sich in europäischen Gesellschaften mit kolonialer Vergangenheit von denen in Ländern ohne eine solche Historie. Der Diskurs in westeuropäischen Gesellschaften mit ihrer substantiellen Diversitätserfahrung weicht dabei maßgeblich von osteuropäischen Vorstellungen ab, und dies zumeist aufgrund fehlender oder geringer Begegnungsmöglichkeiten mit den kulturell ‚Anderen' sowie den damit einhergehenden stereotypischen Vorurteilen und Festlegungen.

Das Zusammenleben der Kulturen, sei es zumindest in Form von deren Koexistenz als „Gemeinschaft der Gemeinschaften“ [1] im Rahmen einer konsensuellen Gesellschaftsordnung oder besser noch als sich bekennender Teilbestand integrativ ausgerichteter Stadtpolitik, muss das Ziel demokratischer und kultureller Bemühungen sein. Eine Auseinandersetzung mit dem Multikulturalismus als Konstrukt und als realer Ausformung kulturell differenter Ansprüche, die bis zu Abschottungs- und Ausschließungstendenzen reichen können, resultiert aus unterschiedlichen Historien, Handlungsansätzen und demografischen Entwicklungen. Durch den komparativen Vergleich lässt sich Kritik im Rahmen des multikulturellen Ansatzes einordnen und beurteilen. Die dann wünschenswerte Entwicklung antizipatorischer Handlungsalternativen setzt die Analyse der stets komplexer werdenden Wechselwirkungen zwischen Wissenschafts- und Alltagsdiskursen, Erfahrbarkeiten und deren Ausdeutungen sowie deren konkrete Übertragung in Handlungsempfehlungen voraus. Kenan Maliks *Das Unbehagen in den Kulturen* ist ein wichtiger Beitrag im Kontext dieser Diskussion.

1 Bhikhu C. Parekh: „The Future of Multi-ethnic Britain: Report of the Commission on the Future“, 2000.

In unserer zunehmend durch Folgen der Globalisierung und neue Unübersichtlichkeiten gekennzeichneten Gesellschaft sehen wir uns mit gleichzeitig stattfindenden Reaktionen von Radikalisierung, Indifferenz sowie kultureller Toleranz und Intoleranz konfrontiert. Vorstellungen über ‚homogen' tradierte Kulturformen und deren ‚Verteidigung' auf der einen Seite, die Befürwortung von Kulturdifferenz per se als bereicherndes Gesellschaftsmantra auf der anderen Seite, markieren extreme Pole, die eine sachliche Debatte über Zukunftsvorstellungen des Zusammenlebens oft erschweren. Diese Positionen befinden sich innerhalb und zwischen Kulturen, Nationen und Regionen. Sie erfahren immer häufiger eine Mobilisierung durch die Politisierung und mediale Dramatisierung aktueller Ereignisse, wie auch durch die von Kenan Malik genannte Migrationskrise und die in der letzten Zeit zunehmende Häufigkeit von Terroranschlägen. Aus der Verbindung von subjektiv erlebtem lokalen Alltag und der Übertragung diffus entstehender Verunsicherungen durch das Fortschreiten allgemeiner Globalisierungsprozesse ergeben sich komplexe Wechselwirkungen, die immer schwerer zu durchschauen sind.

Maliks Desiderat für einen offenen Diskurs über das, was wir unter Kulturdifferenz verstehen, über konkurrierende Lebensstile, Wertvorstellungen und gelebte Kulturnormen, ist zu befürworten. Seiner Grundthese, dass Diskurs und politische Debatte letzten Endes zu einer universalen Verständigung über „citizenship" führen können, die über die bloße Koexistenz der Kulturen in einer „Gemeinschaft der Gemeinschaften" hinausgeht, ist zuzustimmen. Dies setzt jedoch voraus, dass die bereits zu beobachtende Institutionalisierung der Repräsentation von selbst- und fremdzugeschriebenen Gruppenidentitäten eine pluralistische Öffnung zulässt. Radikale kulturrelativistische Argumentationsstränge, die auf der einen Seite Konflikte zuspitzen können, und andererseits eine gesellschaftliche Gesamtverantwortung, wie etwa jene für Frauenrechte, für das Recht auf sexuelle Selbstbestimmung oder – ganz wichtig – für freie Meinungsäußerung, unterminieren, sind deshalb zu bekämpfen. In diesem Zusammenhang thematisiert Malik zu Recht die falsche Vorstellung einer Nicht-Einmischung, vermeintlich im Namen des Respekts.

Die Vision eines künftigen Zusammenlebens von Kulturen auf der Basis weltweit akzeptierter Menschenrechte ist nicht möglich ohne eine Glokalisierung zentraler Ideen, Werte und Normen. Zur grundsätzlichen, nicht verhandelbaren und immer wieder zu verdeutlichenden Grundlage von diversity und Kulturpluralismus gehört, dass auch legitime differente kulturpluralistische Lebensweisen und -entwürfe sich an zentralen Prinzipien dessen orientieren, was wir gemeinhin unter Menschenrechten verstehen. Dabei ist es notwendig, in

Theorie und Praxis die Widersprüchlichkeiten und Spannungen in den unterschiedlichen Konstruktionen von Tradition und Moderne einzubeziehen, sowohl im Hinblick auf die Auseinandersetzung mit der eigenen als auch mit anderen Gesellschaften. Das friedliche Zusammenleben der Kulturen setzt eine kritisch reflektierte Interpretation der Vergangenheit voraus – von positiven Entwicklungen wie der Aufklärung, aber auch von Unrecht, Gewalt, Rassismus und Diskriminierung, deren Ahndung, und die gemeinsame Anstrengung daraus, zu lernen.

Angesichts der Verbreitungsschnelligkeit von Bildern, Informationen und Meinungen durch soziale Medien ist die fortdauernde Auseinandersetzung mit der Zusammensetzung und dem Zusammenwirken glokalisierender Welten eine notwendige Voraussetzung für eine dialogorientierte Verständigung in der Stadtgesellschaft. Das verstärkte Aufkommen populistischer neonationalistischer Bewegungen mit ihren vereinfachenden, und häufig zumindest tendenziell rassistischen, Botschaften verweist auf die Notwendigkeit und die Bedeutung wissenschaftlicher Analyse sowie die Unverzichtbarkeit öffentlicher Debatten. Ein ernsthafter und kontinuierlicher Dialog ist unerlässlich und vermutlich der Ausgangspunkt aller inter- und transkulturellen Verständigung. Allerdings ist er für sich allein bei weitem nicht genug.

Zudem wecken differente Vor-Ort-Erfahrungen Sorgen und Ängste um unsere nationalen und lokalen Kulturgüter, um unsere persönlichen Identitäten oder auch unsere Arbeitsplätze angesichts des enormen ökonomischen Drucks, vor allem aber aufgrund bestehender und gelegentlich sogar wachsender kultureller Intoleranz. Islamophobie, Antisemitismus, Geschlechterdiskriminierung sind beispielhaft drei Formen dieser kulturellen Intoleranz. Hinzu kommt die Gefahr einseitiger medialer Darstellungen. Die entgegengesetzte Gefahr, nämlich Toleranz für nicht tolerierbare Kulturcodes und Verhaltensweisen, das Nichtwahrnehmen der gesamtgesellschaftlichen Verantwortung ist aber ebenfalls ein komplexes und schwieriges Problem von großer Bedeutung.

Die Zunahme affektgesteuerter Zuordnungen und Etikettierungen durch die Politisierung vieler Begriffe in alltagssprachlichen Kontexten stellt die Wissenschaft vor die Aufgabe, ihre Begrifflichkeiten zu präzisieren und verständlich zu erläutern, um so eine klärende Rolle in den aktuell sehr unterschiedlich verlaufenden Diskurskulturen zu ermöglichen. Hierzu leistet Kenan Malik einen ebenso beachtlichen wie weiterführenden Beitrag.

Prof. Caroline Y. Robertson-von Trotha,
Direktorin des Zentrums für Angewandte Kulturwissenschaft, Karlsruhe

EINLEITUNG DES AUTORS ZUR DEUTSCHEN AUSGABE

„Kann Europa bleiben, was es ist, wenn andere Menschen darin leben?" Diese Frage stellte bereits vor einigen Jahren der amerikanische Autor Christopher Caldwell. Seit Einwanderung, insbesondere die muslimische Einwanderung, immer mehr ins Zentrum der öffentlichen Aufmerksamkeit rückt, beschäftigt diese Sorge auch immer mehr Europäer mit wachsender Dringlichkeit.

Im Kern geht es um das Problem, wie westliche Gesellschaften auf den Zustrom von Menschen reagieren sollen, die anderen Traditionen angehören, eine andere Herkunft haben und anderen Religionen folgen. Wo müssen in solchen Gesellschaften die Grenzen der Toleranz verlaufen? Sollen Immigranten gezwungen werden, sich an westliche Sitten und Normen anzupassen oder beruht Integration auf Gegenseitigkeit? Mit solchen Fragen plagen Politiker und Politikberater sich nun seit über einem halben Jahrhundert.

Die Auseinandersetzungen um gesellschaftliche Vielfalt verschärften sich infolge zweier Probleme, die den gegenwärtigen politischen Diskurs in Europa inzwischen dominieren – erstens die Einwanderungskrise und zweitens der Terrorismus. Als Reaktion entwikkelten viele Menschen Angst vor Vielfalt, betrachteten

Einwanderung als Quelle von Terroranschlägen und Ursache sich immer weiter fragmentierender Gesellschaften. Dies wiederum führte zum Ruf nach dem Ende muslimischer Einwanderung und strengerer Überwachung islamischer Gemeinschaften.

Bis vor kurzem hielten viele Menschen Multikulturalismus für den am Besten geeigneten Ansatz, Vielfalt zu verwalten. Multikulturalismus ist ein oftmals schwer zu definierender Begriff (insbesondere weil das Konzept, wie ich in diesem Buch zeigen werde, zwei Dinge miteinander vermischt, nämlich einerseits die Beschreibung einer Gesellschaft und andererseits ein Bündel politischer Maßnahmen, diese Gesellschaft zu verwalten). Den meisten multikulturalistischen Politikformen liegt jedoch die Vorstellung zugrunde, dass jede Gesellschaft aus einer „Gemeinschaft von Gemeinschaften" besteht, und dass sich Politik größtenteils an den mutmaßlichen Bedürfnissen dieser verschiedenen Gemeinschaften orientieren sollte.

Neuerdings sind jedoch die Ängste vor Vielfalt gestiegen und mit diesen Ängsten auch die Feindseligkeit gegenüber dem Multikulturalismus. Betrachtete man ihn einst als Antwort auf die Probleme, die man infolge von Einwanderung erwartete, gilt er nun als Ursache eben dieser Probleme. Aber ebenso wie die Befürworter des Multikulturalismus vermischen auch seine Kritiker die beiden unterschiedlichen Bedeutungen des Begriffs:

Aus der Kritik des Multikulturalismus wurde die Ablehnung von Einwanderung und Vielfalt, aus der Kritik einer bestimmten Sozialpolitik wurde die Kritik einer bestimmten Gesellschaftsform.

Das Unbehagen in den Kulturen ist eine kurze Kritik sowohl des Multikulturalismus als auch seiner Gegner. Es entstand vor der gegenwärtigen Einwanderungskrise und den Terrorangriffen in Europa. Die hier dargelegten Thesen und Argumente bieten jedoch einen guten Rahmen zum Verständnis der aktuellen Debatten um Einwanderung und den Islam.

***

Was verstehen wir unter Vielfalt in einer Gesellschaft? Und warum sollten wir Vielfalt wertschätzen oder eben fürchten? Dies sind die Fragen, um die es in diesem Buch geht.

Wenn wir über Vielfalt reden, meinen wir damit, dass die Welt da draußen unordentlich ist, voller Kontraste und Konflikte. Und das – so die These dieses Buchs – ist gut so, denn aus diesen Kontrasten und Konflikten heraus entstehen politische und kulturelle Bindungen.

Vielfalt ist wichtig, aber nicht an und für sich, sondern weil sie uns ermöglicht, unseren Horizont zu erweitern, unterschiedliche Wertvorstellungen, Glaubenssysteme und Lebensweisen gegenüber zu stellen, sie miteinander zu vergleichen und zu entscheiden, welche uns besser erscheinen als die anderen. Mit anderen Worten ist Vielfalt wichtig, weil sie uns ermöglicht, in politische Auseinandersetzungen und Debatten einzutreten, die uns paradoxerweise helfen können, eine universellere Vorstellung davon zu entwickeln, was es bedeutet, Bürger zu sein.

Meiner Beobachtung nach ist es jedoch genau jene Eigenschaft, die Vielfalt eigentlich so wertvoll macht – die kulturellen und ideologischen Auseinandersetzungen, die sie mit sich bringt –zugleich das, wovor sich viele fürchten. Diese Furcht kann zwei Formen annehmen: Einerseits kann sie in Form einer nativistischen Grundhaltung auftreten, also dem Glauben, Einwanderung gefährde den sozialen Zusammenhalt, führe zum Zerfall der eigenen nationalen Identität und verwandle unsere Städte in kleine Lahores oder mini-Kingstons. Andererseits kann diese Angst die Form einer multikulturalistischen Grundhaltung annehmen, der zufolge der Respekt vor den Anderen von uns verlangt, deren Lebensweise und Überzeugungen zu akzeptieren. Fremde Werte oder Sitten sollten nicht kritisiert oder in Frage gestellt werden. Stattdessen müssten die Grenzen zwischen den Gruppen geschützt werden, um die Auseinandersetzungen, Konflikte und Spannungen, die Vielfalt mit sich bringt, zu minimieren.

Der eine Ansatz verstärkt die Angst, der andere die

Gleichgültigkeit. Der eine Ansatz betrachtet Migranten als die Anderen, deren Anderssein für die europäischen Gesellschaften eine Gefahr darstellt. Der andere Ansatz betrachtet das Anderssein der Migranten als einen Sachverhalt, den Gesellschaften respektieren und mit dem sie leben müssen.

Nur wenige Ereignisse lassen sowohl die Angst wie auch die Gleichgültigkeit deutlicher zutage treten als das Nachspiel der Ereignisse in der Silvesternacht 2015 in Köln. Eine große Zahl Frauen wurde an jenem Abend ausgeraubt und Opfer sexueller Übergriffe durch Männer, die in ihrer Mehrzahl als arabischstämmig beschrieben wurden. Zuerst versuchten die Behörden, die Ereignisse zu vertuschen und so zu tun, als sei nicht passiert. Als die Details nach und nach ans Licht kamen, folgte die unvermeidliche Empörung.

Die erste Reaktion der Behörden war nicht allein Folge der Furcht vor der öffentlichen Reaktion oder der Gefahr, dass Rassisten den Vorfall ausschlachten könnten. Sie war auch Folge einer Perspektive, wonach solche Ereignisse in einer vielfältigen Gesellschaft, in der unterschiedliche Werte, Glaubenssätze und Sitten aufeinandertreffen, unvermeidlich sind, und es besser sei, „die Araber Araber sein zu lassen", anstatt eine ernsthafte und schwierige öffentliche Debatte über das Problem zu führen. Als dann die Wahrheit durchsickerte, richtete sich die öffentliche Wut nicht bloß gegen die für die sexuellen Übergriffe verantwortlichen Männer oder gegen die Behörden, die versucht hatten, das Geschehene zu vertuschen, sondern auch gegen Migranten im Allgemeinen. Das Ereignis wurde zum Anlass, jedwede Einwanderung nach Deutschland abzulehnen. Beide Perspektiven betrachten Migranten als die Anderen, als Menschen, die sich grundlegend von uns unterscheiden. Nur in ihren Vorstellungen, wie mit diesem Anderssein umzugehen ist, unterscheiden sich die beiden Perspektiven. Wir haben eine Welt geschaffen, in der sich Angst und Gleichgültigkeit, Gleichgültigkeit und Angst zu einem Gordischen Knoten verflochten haben.

Keiner der beiden Ansätze versucht, sich der Frage der verbindlichen Auseinandersetzung zu nähern. Eine solche Auseinandersetzung verlangt von uns, jedwede Gruppe weder als "die Anderen" auszusperren, deren Werte, Glauben und Sitten den unseren unausweichlich und fundamental feindselig gegenüberstehen, noch diesen Werten, Glauben und Sitten im Namen des „Respekts" gleichgültig gegenüber zu stehen. Stattdessen gilt es zu erkennen, dass gerade der Respekt von uns verlangt, die Werte und den Glauben anderer Menschen in Frage zu stellen und uns gegebenenfalls bestimmten Auffassungen entgegen zu stellen. Respekt verlangt von uns, ernsthaft, offen und öffentlich darüber zu debattieren, welche Werte, Glaubensinhalte und Sitten wir für erstrebenswert halten. Wir müssen akzeptieren, dass diese Debatten schwierig und oftmals konflikthaft sind, müssen aber auch erkennen, dass solche Debatten notwendiger Bestandteil jeder Gesellschaft sind, die offen und liberal sein will.

***

Sowohl die Argumente der Multikulturalisten als auch die ihrer Kritiker sind Produkte einer Entwicklung, die man als „kulturalistische Wende" (‚cultural turn') bezeichnen kann: Ein Wandel, der im Laufe der vergangenen Jahrzehnte dazu geführt hat, dass heutzutage viele Menschen soziale Unterschiede vor allem als kulturbedingt verstehen.

Die Wurzeln der „kulturalistischen Wende" reichen weit zurück, so meine These in diesem Buch. Ihre Geschichte reicht zurück bis zur romantischen Gegenbewegung zum Universalismus der Aufklärung und zum einflussreichen Konzept der „Kultur" des deutschen Philosophen Johann Gottfried Herder. Herder zufolge besitzt jede Kulturgemeinschaft – oder jedes „Volk" – eine einzigartige Lebensweise, die sich in ihrem „Volksgeist"[1] oder ihrer „Seele" ausdrückt.

Herder war kein Reaktionär – er war ein entschiedener Verfechter von Gleichheit und ein erbitterter Gegner sowohl der Sklaverei als auch der Kolonialherrschaft von Europäern über Nicht-Europäer. Doch seine

1 Deutsch im Original

Vorstellungen bezüglich der Verschiedenheit von Kulturen wurden von reaktionären Denkern aufgegriffen. Die Idee grundlegender Unterschiede zwischen verschiedenen Gruppen wurde zur zentralen These rassistischen Denkens und die Vorstellung eines „Volksgeistes" gehörte fortan zur Ausstattung des Rassismus.

Radikale Gegner von Rassismus und Kolonialismus verwarfen die romantische Vorstellung von Kultur und nahmen stattdessen eine universalistische Haltung ein. Von den Kämpfen gegen die Sklaverei bis hin zu den antikolonialistischen Befreiungsbewegungen ging es den Protagonisten nicht um den Schutz der eigenen besonderen Kultur, sondern um das Schaffen einer universelleren Kultur, an der jeder unter gleichen Bedingungen teilhaben konnte.

In den vergangenen Jahrzehnten hat der universalistische Standpunkt jedoch an Einfluss verloren, vor allem weil viele soziale Bewegungen, die diese Sichtweise verkörperten, zerfielen. In dem Maße, in dem breiter angelegte Kämpfe für soziale Verbesserung erlahmten, zogen sich die Menschen tendenziell immer weiter in ihre jeweiligen Glaubensvorstellungen oder Kulturen zurück und wandten sich engeren Konzepten von Identität zu. Der soziale Raum, den die großen Massenbewegungen vor ihrem Verschwinden eingenommen hatten, füllte sich mit Identitätspolitik, und die alten kulturromantischen Argumente kehrten zurück, nun allerdings als „progressiv" etikettiert.

Als die Instrumente für politischen Wandel verfielen und die Sphäre des Politischen sich verengte, fingen die Menschen an, sich selbst und ihr soziales Umfeld auf andere Weise zu betrachten. Soziale Solidarität wird immer weniger in politischen Kategorien gedacht und immer mehr in Kategorien wie Ethnizität, Kultur, oder Religion. Die Menschen stellen sich immer weniger die Frage, „In welcher Gesellschaft will ich leben?" sondern immer mehr „Wer sind wir?". Beide Fragen sind natürlich eng miteinander verwoben und jedes Gefühl sozialer Identität muss beide beantworten können. Die Beziehung zwischen den beiden Fragen ist jedoch komplex und variabel.

Die Antwort auf die Frage, in welcher Gesellschaft wir leben möchten, wurde in den vergangenen Jahren immer weniger von Werten und Institutionen geprägt, die Menschen durchsetzen oder aufbauen wollen, sondern von den Gruppen oder Stämmen, denen sie sich zugehörig fühlen. Zugleich wird die Antwort auf die Frage, wer wir sind, immer weniger über die Gesellschaft definiert, die man erschaffen will, und immer stärker über die Geschichte und das Erbe, dem man sich zugehörig fühlt. Oder um es anders zu sagen: In dem Maße, in dem die breiter angelegten politischen, kulturellen und nationalen Identitäten zerfielen und traditionelle soziale Netzwerke, institutionelle Autoritäten und moralische Normen an Bindungskraft verloren, wurden auch die gefühlten Zugehörigkeiten der Menschen enger und provinzieller. Heute sind diese Zugehörigkeiten weniger durch die Möglichkeiten einer zu gestaltenden Zukunft geprägt als durch die (oft mythisch verklärte) Vergangenheit.

Anders ausgedrückt: Die weltanschaulich gebundene Politik wurde ersetzt durch eine Politik, die identitär gebunden ist. Dieser Entwicklung hat sowohl das Verhältnis der Minderheiten zur Mehrheitsgesellschaft geprägt als auch die Art, wie Migranten von vielen betrachtet werden. Zunächst definieren sich die Minderheiten nun ebenso wie die Mehrheiten anhand engerer Kriterien, die sich vor allem um Kultur, ethnische Zugehörigkeit oder Religion drehen. Folglich wird „Differenz" betont und übertrieben. Viele Mitglieder von Minderheiten versuchen, sich selbst und ihren Platz in der Gesellschaft durch ein Gefühl der Differenz zu finden, des Andersseins von anderen Minderheiten. Auch viele Mitglieder der Mehrheitsgesellschaft sehen in den Angehörigen von Minderheitengruppen vor allem die „Anderen". Zugleich begannen viele, Einwanderung als Quelle der Auflösung oder des Zerfalls der nationalen Kultur zu betrachten und folglich als eine Bedrohung, der es zu widerstehen gilt.

All dies ist Folge des Abwendens weg von politischen Konzeptionen sozialer Beziehungen hin zu in erster Linie kulturellen Sichtweisen. Politische Kämpfe zerteilen Gesellschaften entlang weltanschaulicher Grenzen, doch sie verbinden über ethnische oder kulturelle Grenzen hinweg; kulturelle Kämpfe führen unausweichlich zur Fragmentierung. In politischen Konflikten kommt es nicht darauf an, wer du bist, sondern darauf, woran du glaubst. Für kulturelle und ethnische Konflikte gilt das Gegenteil. Politische Kämpfe sind oft sinnvoll, weil sie soziale Probleme auf eine Weise betrachten, die fragt: „Wie können wir die Gesellschaft so ändern, dass dieses Problem gelöst wird?" Betrachten wir etwa Rassismus aus politischer Perspektive, müssen wir fragen: „Was sind seine sozialen Wurzeln und welche strukturellen Änderungen sind nötig, um ihn zu bekämpfen?" Möglicherweise gibt es unterschiedliche Meinungen, welche Antwort die richtige ist, aber die Debatte selbst ist bereits nützlich. Anders ausgedrückt: Politische Konflikte sind jene Konflikte, die geführt werden müssen, um sozialen Wandel zu ermöglichen.

Die „kulturalistische Wende" hat die Menschen dazu verleitet, politische Probleme als kulturelle, ethnische oder religiöse Konflikte zu begreifen und politischen Fragen eine Form gegeben, in der sie weder hilfreich noch lösbar sind. Anstatt nach den gesellschaftlichen Wurzeln von Rassismus zu fragen und danach, welche strukturellen Änderungen geeignet sind, ihn zu bekämpfen, verlangt ein multikulturalistischer Zugang die Anerkennung der jeweiligen Identitäten. Es geht in erster Linie um die öffentliche Bestätigung des kulturellen Anders-Seins und Respekt und Toleranz für die die jeweiligen kulturellen und religiösen Glaubenssätze.

Weiter oben schrieb ich, Auseinandersetzungen und Konflikte seien etwas Positives. Ich meinte damit nicht, jede Auseinandersetzung und jeder Konflikt seien gut. Es kommt stark darauf an, wie sich ein Konflikt ausdrückt: Auseinandersetzungen über Ideen und Werte sind oft wertvoll und die Voraussetzung für sozialen Wandel. Der multikulturalistische Versuch, solche Konflikte im Namen von „Toleranz" und „Respekt" zu minimieren, löst nicht die Konflikte, sondern verwandelt politische und weltanschauliche Konflikte in Gemeinschafts- und Kulturkonflikte. Auf diese Weise wird erstens jener Streit der Meinungen ausgebremst, der politische Früchte tragen kann. Zweitens werden jene Konflikte losgetreten, die sozial schädlich sind. Aus politischen Debatten werden kulturelle Zusammenstöße. Weil die einzelnen Individuen in ihren Kulturen und Identitäten eingeschlossen werden, werden solche Zusammenstöße sowohl unausweichlich als auch unlösbar.

Müsste ich mich auf eine einzige Botschaft festlegen, die die Leser von der Lektüre dieses Buches mitnehmen sollen, dann ist es die, dass Vielfalt genau deshalb positiv ist, weil sie unübersichtlich ist. Versuche von Regierungen, Vielfalt mit Hilfe multikulturalistischer Politik zu ordnen, haben wesentlich dazu beigetragen, jene Probleme zu schaffen, die eigentlich durch diese Politik gelöst werden sollten.

Kenan Malik, im Sommer 2017

DAS UNBEHAGEN
IN DEN
KULTUREN

EINS

Am 22. Juli 2011 zündete Anders Behring Breivik im Regierungsviertel von Oslo eine Autobombe. Die Explosion forderte acht Todesopfer und über 200 Verletzte. In eine komplett schwarze Paramilitär-Uniform gekleidet, griff Breivik zwei Stunden später auf der nahegelegenen Insel Utoya ein Sommerlager der Jugendorganisation der norwegischen Sozialdemokraten an. Insgesamt eineinhalb Stunden lief er über den Zeltplatz, schoss mit automatischen Waffen um sich, öffnete Zelte und erschoss die darin zusammengekauerten Menschen. Insgesamt 69 Menschen fielen diesem mörderischen Amoklauf zum Opfer.

Es war ein zutiefst schockierender Moment, die schlimmste Gräueltat, die Norwegen seit Ende des Zweiten Weltkriegs erleiden musste. Breivik ging es nicht allein um die Tat selbst, er wollte darüber hinaus auch ein Zeichen setzen: In seinen Augen waren die Morde von Oslo und Utoya die ersten Schüsse in einem Krieg zur Verteidigung Europas gegen den Multikulturalismus. Kurz vor den Attentaten hatte er im Internet unter dem Titel *2083: Eine europäische Unabhängigkeitserklärung* ein 1500 Seiten starkes Manifest veröffentlicht. „2083" bezieht sich auf das 400-jährige Jubiläum der Zweiten Wiener Türkenbelagerung, als die Armeen des Heiligen Römischen Reichs und seiner Verbündeten den

Vormarsch der Osmanen stoppten. Laut Breivik steht das Europa des 21. Jahrhunderts vor einer ähnlichen Bedrohung und müsse dieser auf ähnliche Art begegnen. „Die Individuen, die illegal exekutiert zu haben ich angeklagt bin", so schrieb er, „sind Unterstützer jener anti-europäischen Hass-Ideologie, die man gemeinhin als Multikulturalismus bezeichnet, einer Ideologie, die die Islamisierung und den islamischen Demographie-Krieg ermöglicht." Sie wurden „in Selbstverteidigung im Rahmen eines Erstschlags getötet", da sie „schuldig befunden und zum Tode verurteilt" worden waren.[1]

Nur die größten Psychopathen werden irgendwelche Sympathien für Breiviks Blutrausch empfinden. Der Glaube jedoch, dass Multikulturalismus die westliche Zivilisation unterminiert, dass die Einwanderung von Muslimen den sozialen und kulturellen Zusammenhalt europäischer Gesellschaften zerstört und Europa in eine Art „Eurabia" verwandelt, dass die Politiker, die dies zulassen, mindestens verantwortungslos, schlimmstenfalls Verräter sind – all diese Vorstellungen finden inzwischen viele Anhänger nicht nur an den politischen Rändern. Bruce Bawer ist ein bedeutender amerikanischer Literaturkritiker und Dichter. Er war, wie er im *Wall Street Journal* schrieb, nicht nur wegen des Ausmaßes des Blutbads von Breiviks Attentaten erschüttert, sondern auch, weil jenes Blutbad „ein schwerer Schlag für ein wichtiges Anliegen" sei. Breiviks Amoklauf sei

„unbeschreiblich böse", so Bawer, dennoch drücke Breivik in seinem Manifest eine „legitime Sorge über ein ernst zu nehmendes Problem" aus. Bawer schrieb, es sei berechtigt, „über all diese Dinge tief besorgt zu sein und von den Regierungen zu erwarten, sie entschlossen anzugehen."[2] Die britische Autorin und Radiomoderatorin Melanie Philipps ist Trägerin des Orwell-Preises – Großbritanniens höchster Preis für politischen Journalismus – und gemeinsam mit mir regelmäßige Diskussionsteilnehmerin der wöchentlichen Diskussionsrunde *The Moral Maze* des Radiosenders BBC 4. Wie Bawer verurteilte sie das „schreckliche Blutbad" von Utoya. Wie er beharrte auch sie darauf, Multikulturalismus und islamischer Extremismus würden legitime und sehr ernste Sorgen auslösen, wie sich eine Kultur gegen Angriffe von innen und außen verteidigen lässt.[3]

Vor zwanzig Jahren war die Ansicht weit verbreitet, der Multikulturalismus sei die Antwort auf viele soziale Probleme Europas. *We are all Multiculturalists Now*, schrieb der amerikanische Soziologe Nathan Glazer, ehemals Kritiker des Pluralismus, im Titel seines bekannten Buchs.[4] Das Feiern von Differenz, der Respekt vor Pluralismus und das Bekenntnis zur Identitätspolitik wurden als Markenzeichen einer progressiven, anti-rassistischen Weltanschauung betrachtet und zu den Grundlagen moderner liberaler Demokratien gezählt.

Und doch war genau jener Moment, an dem Glazer

uns alle zu Multikulturalisten erklärte, auch der Moment, an dem sich viele von diesem Konzept abwandten. Anders ausgedrückt: Es war genau jene Zeit, in der sich auch in der Mainstream-Politik wachsende Zweifel am Multikulturalismus breitmachten. Insbesondere in den Jahren nach den Terroranschlägen des 11. September 2001 sind diese Zweifel immer größer geworden und haben angefangen, die Debatte zu dominieren. Heute sehen immer mehr Menschen im Multikulturalismus nicht die Lösung, sondern die Ursache der unzähligen sozialen Probleme in Europa. Diese Wahrnehmung hat viele Mainstream-Politiker wie den ehemaligen britischen Premierminister James Cameron, die deutsche Kanzlerin Angela Merkel oder den früheren französischen Ministerpräsidenten Nicolas Sarkozy dazu veranlasst, die Gefahren des Multikulturalismus anzuprangern. Diese Sichtweise hat auch Parteien vom rechten Rand erstarken lassen – von den „Wahren Finnen" bis zur „UK Independence Party" – und ist Wasser auf die Mühlen populistischer Politiker von Geert Wilders in den Niederlanden bis zu Marine Le Pen in Frankreich. Und sie war das Hintergrundrauschen für den ekelerregenden, mörderischen Amoklauf von Anders Behring Breivik.

Die Gründe für diesen Wandel in der Wahrnehmung des Multikulturalismus sind komplex und stehen im Zentrum dieser Untersuchung. Es ist nicht allein die öffentliche Wahrnehmung des Multikulturalismus, die sich geändert hat, sondern auch der Charakter der Kritik. Dabei ist diese, wie sich auch in der Debatte um die Breivik-Attentate zeigte, oft von sehr plumpen Vorstellungen – tatsächlich Märchen – über den Islam, über Muslime, Einwanderung, europäische Geschichte und westliche Werte geprägt.

Dieser Wandel stellt beim Schreiben eines Buches wie diesem ein Problem dar. Ich war schon Kritiker des Multikulturalismus, lange bevor es in Mode kam. Meine Kritik wurzelt jedoch in einer völlig anderen Vision als jener der meisten zeitgenössischen Gegner. Ich bin nicht deshalb ein Feind des Multikulturalismus, weil ich Einwanderung fürchte, Muslime verachte oder weniger Vielfalt wünsche, sondern, im Gegenteil, weil ich mir Einwanderung wünsche, mich dem wachsenden Hass auf Muslime entgegenstelle und Vielfalt begrüße. Es gibt eine lange und wichtige Tradition linker und progressiver Kritik am Multikulturalismus und der Ideen, die ihm zugrunde liegen – doch diese Tradition wurde größtenteils durch die Dominanz der rechten Multi-Kulti-Kritik in letzten Jahren verschüttet. So hat die Debatte über Multikulturalismus eine neue Dynamik erhalten und viele Linke zögern nun, ihre Kritik zu äußern, weil sie fürchten, mit Menschen wie Bawer und Philipps, Wilders und Le Pen in einen Topf geworfen zu werden. Dieses Buch ist eine Kritik des Multikulturalismus. Es ist auch eine Kritik seiner Kritiker. Ihm zugrunde liegt die

Überzeugung, dass sich die Kampfansage an den Multikulturalismus und die Kampfansage an seine Gegner von rechts nicht voneinander trennen lassen.

Bevor wir die Behauptungen der Multikulturalisten und ihrer Kritiker prüfen können, müssen wir zunächst klären, was der Begriff „Multikulturalismus“ meint. Ein Teil des Problems liegt darin, dass der Ausdruck in den vergangenen Jahren zwei getrennte Bedeutungen angenommen hat, zwischen denen viel zu selten unterschieden wird. Die erste Bedeutung nenne ich die gelebte Erfahrung von Vielfalt. Die zweite ist Multikulturalismus als politischer Prozess mit dem Ziel, diese Vielfalt zu verwalten.

Die Erfahrung, in einer Gesellschaft zu leben, die weniger engstirnig, dafür dynamischer und kosmopolitischer wird, sollte begrüßt und gefeiert werden. Sie liefert starke Argumente für kulturelle Vielfalt, Masseneinwanderung, intellektuelle Offenheit und offene Grenzen. Als politischer Prozess bedeutet Multikulturalismus jedoch etwas anderes. Hier beschreibt der Begriff ein Bündel politischer Maßnahmen, um Vielfalt zu verwalten und zu institutionalisieren, indem Menschen in ethnische und kulturelle Schubladen gesteckt werden. Sodann werden ihre individuellen Rechte und Bedürfnisse anhand eben jener Schubladen bestimmt, und die Schubladen so zum Gestalten der öffentlichen Ordnung genutzt. Hier geht es eben nicht um den Einsatz für intellektuelle Offenheit und offene Grenzen, sondern um das Kontrollieren von Grenzen, seien sie physisch, kulturell oder nur eingebildet.

Die Vermischung von gelebter Erfahrung mit Multi-Kulti-Politik hat sich als ausgesprochen misslich erwiesen. Einmal ermöglicht dies rechten (aber auch anderen) Kräften Masseneinwanderung für das Scheitern des Sozialstaats verantwortlich zu machen und Minderheiten zum Problem zu erklären. Gleichzeitig hat es viele traditionelle Liberale und Linke dazu gebracht, zur Verteidigung der Vielfalt klassisch freiheitliche Positionen aufzugeben, wie etwa das Bekenntnis zur Meinungsfreiheit.

Das Unbehagen im Multikulturalismus verfolgt das Ziel, Vielfalt hochleben zu lassen und zugleich dem Multikulturalismus zu widersprechen. Das Buch beginnt mit einer kurzen Diskussion der historischen und philosophischen Wurzeln des Multikulturalismus und der ihn umgebenden philosophischen Debatten. Dann betrachtet es die politischen Wurzeln und sozialen Konsequenzen multikultureller Politik. Schließlich werde ich die zeitgenössische Kritik am Multikulturalismus untersuchen und zeigen, dass sie größtenteils nicht nur einfach falsch, sondern sogar gefährlich ist. Die Botschaft dieses Buches ist, dass sowohl Multikulturalismus als auch ein Großteil der Kritik an ihm zurückgewiesen werden muss.

ZWEI

Der zeitgenössische Multikulturalismus beruht auf einer Verbindung der romantischen Idee der Kultur und einer ebenso romantischen Idee von Identität. Die Romantik ist ein Konzept, das Kulturhistoriker ausgesprochen wertvoll, aber nahezu unmöglich zu definieren finden. Sie nahm viele politischen Formen an – sowohl der moderne Konservatismus als auch viele linke Traditionsstränge haben romantische Wurzeln – und trat in unterschiedlichen nationalen Ausprägungen auf. Es handelte sich nicht um eine spezifische politische oder kulturelle Ansicht, sondern beschrieb am ehesten eine Ansammlung von Einstellungen und Präferenzen: die Bevorzugung des Konkreten gegenüber dem Abstrakten, des Einzigartigen gegenüber dem Universellen, der Natur gegenüber der Kultur, des Organischen gegenüber dem Mechanischen, des Gefühls gegenüber der Vernunft, der Intuition gegenüber dem Intellekt, spezielle Gemeinschaften gegenüber der abstrakten Menschheit.

Diese Einstellungen entwickelten sich am Ende des 18. Jahrhunderts vor allem als Reaktion auf die dominierenden Auffassungen der Aufklärung. Über die unterschiedlichen Auffassungen und Argumente im Laufe des 18. Jahrhunderts wurde viel geschrieben, und es ist nicht länger in Mode, von *der* Aufklärung zu sprechen. Nichtsdestotrotz gab es jenseits aller Unterschiede eine ganze Anzahl an Grundlagen, die von den meisten der *philosophes* geteilt wurden, und die die Denker der Aufklärung sowohl von jenen des 17. wie auch von jenen des 19. Jahrhunderts unterschieden. Es bestand ein breiter Konsens, dass es eine von allen geteilte „menschliche Natur" gab, dass in allen Gesellschaften das Gedeihen der Menschen durch die gleichen Institutionen und Regierungsformen gefördert werden könnte, dass die Vernunft es den Menschen ermöglichte, diese Institutionen zu entdecken und dass durch die Entwicklung dieser Institutionen soziale Ungleichheit und Hierarchien minimiert oder sogar überwunden werden könnten.

Die romantische Gegenaufklärung widersprach all diesen Auffassungen. Für die *philosophes* der Aufklärung bestand zivilisatorischer Fortschritt darin, den Widerstand traditioneller Kulturen mit ihrem eigentümlichen Aberglauben, irrationalen Vorurteilen und überholten Institutionen zu überwinden, wohingegen die Dampfwalze des Fortschritts und der Modernität genau das war, was die Romantiker fürchteten. Die *philosophes* der Aufklärung tendierten dazu, von der Zivilisation im Singular zu sprechen. Romantiker verstanden Kulturen im Plural. Unterschiedliche Kulturen waren keine dem Untergang geweihten Normabweichungen, sondern ein kostbares Erbe, das man pflegen und schützen musste.

Der Philosoph, der die romantische Auffassung vielleicht am besten formulierte, war der Deutsche Johann Gottfried Herder. Er verwarf die Idee der Aufklärung, die Realität sei nach universellen, zeitlosen, objektiven und unveränderlichen Gesetzen geordnet, die sich durch rationale Untersuchungen entdecken ließen. Herder bestand umgekehrt darauf, dass jede Aktivität, Situation, Epoche oder Zivilisation einen einzigartigen Charakter besitze. Der schottische Philosoph David Hume hatte formuliert: „Die Menschen sind immer und überall so sehr dieselben, dass uns die Geschichte in diesem Punkt nichts Neues oder Seltsames berichtet."[5] Herder hingegen bestand darauf, dass Geschichte (und Anthropologie) viele neue und fremde Dinge offenbarte. Die Menschheit war *nicht* über alle Orte und Zeiten hinweg dieselbe. Was jede Menschengruppe, Nation – oder *Volk*[6] – einzigartig machte, war die jeweilige *Kultur*[7]: einer solchen Gruppe Ihre besondere Sprache, Literatur, Geschichte und Lebensweise. Die einzigartige Natur jedes *Volks* drückte sich in seinem *Volksgeist* aus – die unveränderliche, durch seine Geschichte verfeinerte Seele einer Menschengruppe. Jede Kultur war in ihrem jeweiligen Rahmen authentisch, jede an ihre jeweilige Umgebung angepasst. Das „Hauptgesetz der Natur", verkündete Herder, laute „Der Mensch sei Mensch! Er bilde sich seinen Zustand nach dem, was er für das Beste erkennet."[8]

Im modernen politischen Denken besetzt Herder keine eindeutige Rolle. Im 18. Jahrhundert verstand er sich selbst als Teil der Bewegung der Aufklärung, zugleich aber sah er sich gezwungen, einigen grundlegenden Annahmen der *philosophes* zu widersprechen – etwa ihrer Betonung universeller Gesetze und der universellen Gültigkeit der Vernunft –, um die hochgeschätzten Ideale der Gleichheit zu verteidigen. Im 19. Jahrhundert beförderte sein Konzept des *Volkgeistes*[9], wenn auch von ihm nie beabsichtigt, die Entwicklung der Rassenkunde. Der *Volksgeist*[10] wandelte sich zu einer Eigenschaft von Rassen, wurde zu einer unveränderlichen Substanz, zur Grundlage der gesamten physischen Erscheinung, des geistigen Potentials und zur Basis für Trennung und Differenz innerhalb der Menschheit. Im späten 19. Jahrhundert wiederum kam Herders kultureller Pluralismus paradoxerweise auch Kritikern der Rassenlehre zur Hilfe, die eine neue, anthropologische Auffassung von Kultur verfochten. Der Deutschamerikaner Franz Boas, der eine Schlüsselrolle in der Entwicklung der Kulturanthropologie spielte, versuchte, so der amerikanische Historiker George Stocking, das romantische Konzept der „Seele des Volkes" in anderen Kategorien zu definieren als in denen einer rassischen Erblehre. Seine Antwort war letztlich der anthropologische Kulturbegriff. Im 20. Jahrhundert schließlich prägte Herders Relativismus und Partikularismus weite Bereiche anti-rassistischen Denkens. Die Wurzeln der Barbarei, so glaubten viele, lägen in der Arroganz des Westens, und die Wurzeln dieser

Arroganz lägen im unkritischen Glauben an die Überlegenheit des Rationalismus und Universalismus der Aufklärung. Die Ambiguität von Herders Erbe prägt noch heute den zeitgenössischen Multikulturalismus. Herders Idee von den Unterschieden zwischen Gruppen mündete sowohl in rassistischen als auch in pluralistischen Anschauungen und hier liegen, wie wir sehen werden, bis heute enge Verbindungslinien zwischen rassistischen und multikulturalistischen Vorstellungen menschlicher Differenz.

DREI

Das zweite Motiv romantischen Denkens mit Bedeutung für den modernen Multikulturalismus ist die Idee der Identität. „Es gibt eine bestimmte Art, Mensch zu sein, die meine Art ist", schrieb der kanadische Philosoph Charles Taylor in seinem viel diskutierten Essay *Die Politik der Anerkennung* (1994)[11]. „Ich bin aufgerufen, mein Leben auf diese Weise zu leben. [...] Mir selbst treu zu sein, bedeutet, meiner Originalität treu zu sein." Diese Wahrnehmung von „mir selbst treu sein" bezeichnet Taylor als das Ideal der „Authentizität"[12]. Das Ideal des authentischen Selbst findet seine Wurzeln in der romantischen Vorstellung der „inneren Stimme", die jeweils einzigartig zu jedem Individuum sprach, seine moralischen Entscheidungen leitete und seine wahre Natur ausdrückte. Das Konzept der Identität war in den 1950er Jahren von Psychologen und Soziologen wie Erik Erikson und Alvin Gouldner entwickelt worden. Für sie war Identität nicht nur eine private Angelegenheit, sondern entwickelt sich im Dialog mit anderen. Im wachsenden Maße wurde Identität seitdem nicht mehr als etwas betrachtet, das vom Selbst erschaffen wird, sondern als etwas, wodurch das Selbst erst geschaffen wird. In den Worten des britischen Soziologen Stuart Hall wird „Identität kontinuierlich geformt und transformiert je nach dem, wie wir im kulturellen System, das uns umgibt, angesprochen und repräsentiert werden".[13] Mit anderen Worten: Das innere Selbst findet seine Heimat in der äußeren Welt durch die Teilnahme an einem Kollektiv. Aber nicht in irgendeinem Kollektiv. Die Welt besteht aus zahllosen Gruppen – Philosophen, Lastwagenfahrern, Fußballfans, Trinkern, Briefmarkensammlern, Konservativen, Kommunisten und so weiter. Doch in den zeitgenössischen Debatten über Identität wird die Vorstellung jeder Person darüber, wer sie im Kern ist, eng mit einigen wenigen besonderen Kategorien verbunden – mit Kollektiven, die sich über Geschlecht, Sexualität, Religion, Rasse und insbesondere Kultur definieren. Es handelt sich offensichtlich um sehr unterschiedliche Arten von Gruppen, deren Mitglieder durch sehr unterschiedliche Charakteristiken miteinander verbunden sind. Nichtsdestotrotz eint Kollektive wie Geschlecht, Sexualität, Religion, Rasse oder Kultur, dass sie durch Attribute definiert sind, die – egal, ob sie ihre Wurzeln in Biologie, Glauben oder Geschichte haben – gewissermaßen fixiert sind und die Gruppenmitglieder nötigen, sich auf eine bestimmte Weise zu verhalten. Identität wird so zu etwas, das gegeben wird, sei es durch Natur, Gott oder die jeweiligen Vorfahren. „Ich bin aufgerufen, mein Leben auf diese Weise zu leben", wie Taylor es formulierte. Anders als beispielsweise politische Kollektive werden diese Kollektive „zugeschrieben, anstatt gewählt zu werden. [Sie sind] „eine Frage des Schicksals, nicht eine von Entscheidungen", so der britische Philosoph John Gray.[14] Bei jenen Kollektiven, die in der zeitgenössischen Debatte über Identität von Bedeutung sind, handelt es sich mit anderen Worten also um moderne Gegenstücke von Herders *Völkern*. Damit eine individuelle Identität authentisch sein kann, muss dies auch für die kollektive Identität gelten. „Wie das Individuum", schreibt Taylor, „so sollte auch das ‚Volk' sich selbst, das heißt seiner Kultur, treu sein."[15]

Die Ausbreitung dieser in der romantischen Tradition verwurzelten Vorstellungen von Kultur und Identität (selbst wenn diese Wurzeln oft nicht erkannt und noch seltener zugegeben werden), hat die Art, wie viele Menschen über das Verhältnis von Gleichheit und Differenz nachdenken, neu geformt. Einen Großteil der vergangenen zwei Jahrhunderte beriefen sich die wichtigen Strömungen liberalen und linken Denkens auf die Einsicht der Aufklärung, wonach das Prinzip der Gleichheit vom Staat verlange, alle Bürger unabhängig von Rasse, Religion oder Geschlecht gleich zu behandeln. Die meisten zeitgenössischen Multikulturalisten hingegen argumentieren, dass Menschen nicht trotz ihrer Unterschiede gleich, sondern wegen dieser Unterschiede verschieden behandelt werden sollten. Natürlich sehen nicht alle Multikulturalisten diese Dinge genau gleich, nichtsdestotrotz gibt es eine Reihe gemeinsamer Motive, die den Argumenten der meisten typischen Multikulturalisten zugrunde liegen.

Angesichts der Heterogenität und Vielfalt, die moderne Gesellschaften insbesondere im Westen kennzeichnet, erscheinen den meisten Multikulturalisten Gleichheitskonzepte auf Basis der universalistischen Vorstellungen der Aufklärung als altmodisch, unzureichend und sogar gefährlich. Die Idee der Aufklärung, alle Menschen können am besten unter denselben sozialen Institutionen und Regierungsformen leben, ist demnach eine Fantasie. Denn die Welt ist zu komplex und vielfältig, um sich in einer einzigen allumfassenden Theorie ausdrücken zu lassen. Universalismus wird so zu einem „eurozentristischen" Standpunkt, einem Vehikel, um anderen Völkerschaften euro-amerikanische Vorstellungen von Rationalität und Objektivität aufzuzwingen. An die Stelle universeller Rechte treten differenzierte Rechte. „Gerechtigkeit zwischen Gruppen", formuliert der kanadische Philosoph Will Kymlicka, einer der überzeugendsten zeitgenössischen Befürworter des Multikulturalismus, „erfordert, Angehörigen unterschiedlicher Gruppen unterschiedliche Rechte zu gewähren"[16].

Der kulturelle Hintergrund eines Individuums gestaltet seine Identität und hilft zu definieren, wer er ist. Wollen wir Individuen mit Achtung und Respekt behandeln, müssen wir auch jenen Gruppen Achtung und Respekt zollen, die diesen Menschen ihr Selbstkonzept vom eigenen persönlichen Sein vermitteln. „Der Theorie nach sind liberal denkende Menschen verpflichtet, allen

Personen den gleichen Respekt entgegenzubringen", argumentiert der britische Philosoph Bhikhu Parekh. „Da menschliche Wesen kulturell eingebettet sind, setzt der Respekt für sie den Respekt für ihre Kulturen und Lebensweisen voraus."[17] Der Soziologe Tariq Modood nimmt diesen Argumentationsfaden auf, um zwischen zwei seiner Meinung nach unterschiedlichen Gleichheitskonzepten zu unterscheiden: Das erste nennt er „Gleichheit des Individualismus". Das zweite ist jene Gleichheit, die das öffentlichen Bekenntnis zu einer bestimmten Ethnizität umfasst. Diese Gleichheit erwächst daraus, „sich für die eigene Herkunft, Familie oder Gemeinschaft nicht entschuldigen und sie nicht verstekken zu müssen, sondern umgekehrt von anderen erwarten zu können, diesen Attributen mit Respekt zu begegnen und darüber hinaus in der Öffentlichkeit Haltungen einzunehmen und Maßnahmen zu ergreifen, die dieses kulturelle Erbe stärken anstatt mit Geringschätzung dessen Aussterben zu erwarten."[18]. Mit anderen Worten: Wir können Individuen nicht gleich behandeln, ohne Gruppen gleich zu behandeln. Und da, so die amerikanische Politikwissenschaftlerin Iris Marion Young, „Gruppen nur dann sozial gleich sein können, wenn ihre spezifische Praxis, Kultur und sozialen Beiträge öffentlich bestätigt und anerkannt werden"[19], muss die Gesellschaft Kulturen schützen und fördern, ihr Gedeihen und sogar ihr Überleben sicherstellen.

Manche gehen sogar noch weiter und verpflichten den Staat, das Überleben der Kulturen nicht nur in der Gegenwart, sondern in alle Ewigkeit zu sichern. Taylor zum Beispiel schlägt vor, die Regierungen von Kanada und Quebec sollten Schritte unternehmen, um das Überleben der französischen Sprache in Quebec „für eine unbestimmte Zahl zukünftiger Generationen" zu sichern.[20]

Die meisten Multikulturalisten verorten sich vermutlich in der liberalen Tradition der Aufklärung, wenn sie ihr auch sehr kritisch gegenüber eingestellt sind. Doch die Verwurzelung ihrer Argumentation in der romantischen Gegenaufklärung verleiht der von ihnen geforderten Politik oft einen erkennbar illiberalen Beigeschmack. Man nehme zum Beispiel Modoods Forderung, nach der von Menschen *erwartet* werden müsse, diversen Kulturen Respekt zu zollen, und dass öffentlich Abmachungen getroffen werden müssten, dies sicherzustellen. Bedeutet das, Schulen sollten gezwungen werden, die Schöpfungslehre zu unterrichten, weil dies Teil einer christlich-fundamentalistischen Kultur ist? Oder sollten staatliche Regelungen getroffen werden, die dem Glauben vieler Kulturen Rechnung trägt, dass Homosexualität eine Sünde ist? Das sind keine abstrakten Fragen. Kreationismus, Schwulenehe, Abtreibung, Frauenrechte – solche Themen bilden den Kern kultureller Konflikte der Gegenwart.

„Es liegt im Interesse jedes Einzelnen, vollständig in eine kulturelle Gruppe integriert zu sein“[21], schrieb der israelische Soziologe Joseph Raz. Diese Vorstellung entwickelte sich zur gemeinsamen Grundlage vieler multikulturalistischer Forderungen. Aber was bedeutet es, „vollständig integriert“ zu sein? Zeigt eine muslimische Frau, die die Scharia ablehnt, einen Mangel an Integration in ihre Kultur? Was ist mit einem Juden, der die Legitimität des jüdischen Staats bezweifelt? Oder einem französischen Quebecer, der nur Englisch spricht? Hätte Galileo die Autorität der Kirche herausgefordert, wenn er in seine Kultur „vollständig integriert“ gewesen wäre? Oder Thomas Paine die französische Revolution unterstützt? Oder hätte Salman Rushdie *Die Satanischen Verse* (1988) geschrieben?

Teil des Problems ist eine schwammige Trennung zwischen der Idee vom Menschen als kulturellem Wesen und der Idee, dass jeder Mensch einer *bestimmten* Kultur angehören müsse. Selbstverständlich kann kein Mensch außerhalb jedweder Kultur existieren. Aber das macht folglich auch niemand. Festzustellen, kein Mensch könne außerhalb jeder Kultur existieren, bedeutet nicht, alle Menschen müssten innerhalb einer *bestimmten* Kultur leben. Menschen als kulturelle Wesen zu betrachten bedeutet, sie als soziale Wesen zu sehen und daher als gestaltende, die Welt verändernde Wesen. Es bedeutet, davon auszugehen, dass sie die Möglichkeit haben, durch den Gebrauch von Vernunft und Dialog Veränderung zu bewirken, Fortschritt zu erzielen, eine universelle Moral zu schaffen und ebensolche politische Institutionen. Menschen hingegen als Wesen zu betrachten, die einer spezifischen Kultur angehören müssen, bedeutet umgekehrt, ihnen eine solche Fähigkeit zum Wandel abzusprechen. Nach dieser Sichtweise ist jeder Mensch so sehr von einer spezifischen Kultur geprägt, dass diese Kultur zu ändern oder zu zersetzen immer auch ein Angriff auf dessen individuelle Würde wäre. Dieser Vorstellung nach macht uns die biologische Tatsache, jüdische oder fernöstliche Vorfahren zu haben, aus irgendwelchen Gründen unfähig, außerhalb einer jüdischen oder fernöstlichen Gemeinschaft ein erfülltes Leben zu führen. Aber das ergäbe nur dann Sinn, wenn Juden und Asiaten in irgendeiner Form biologisch eigenständig wären – mit anderen Worten, wenn es sich bei der kulturellen Identität in Wahrheit um rassische Unterschiede handelte.

Die Beziehung zwischen kultureller Identität und Rassenunterschieden wird noch deutlicher, wenn man sich die Forderung vieler Multikulturalisten anschaut, bedrohte Kulturen von Minderheiten müssten geschützt und erhalten werden. „Zerfällt eine Kultur", so argumentieren die israelischen Soziologen Avishai Margalit und Joseph Raz, „werden die Optionen und Möglichkeiten ihrer Angehörigen weniger, verlieren an Attraktivität und lassen sich seltener erfolgreich ausleben".[22] Folglich muss die Gesellschaft Maßnahmen ergreifen, um einen solchen Zerfall zu verhindern. Kymlicka argumentiert ähnlich: Da Kulturen für das Leben der Menschen essentiell sind, „müssen wir dort, wo das Überleben einer Kultur unsicher ist und wo sie durch Entwertung oder Zerfall bedroht ist, aktiv werden, um sie zu schützen".[23] Und für Taylor gilt: Sobald „wir uns mit Identität beschäftigen" ist nichts „legitimer als der Wunsch, dass sie nie verloren geht"[24]. Daher muss eine Kultur nicht nur im Hier und Heute, sondern darüber hinaus für „für alle Zukunft" geschützt werden.

Vor einem Jahrhundert sorgten sich die Intellektuellen um die „Degeneration der Rasse". Heute fürchten wir den Verfall von Kulturen. Ist die Vorstellung vom Verfall der Kulturen in irgendeiner Form zwingender als die von der Rassendegeneration? Selbstverständlich ändern und entwickeln sich Kulturen – ein Punkt, den nur wenige Multikulturalisten bestreiten würden. Aber was bedeutet es, wenn eine Kultur zerfällt? Oder was bedeutet es für eine Identität, verloren zu gehen? Kymlicka unterscheidet zwischen der „Existenz einer Kultur" und ihrem „Charakter" zu einem bestimmten Zeitpunkt.[25] Der Charakter kann sich wandeln, aber solche Wandlungen sind nur akzeptabel, wenn die Existenz der betreffenden Kultur nicht gefährdet ist. Aber wie kann eine Kultur existieren, wenn ihre Existenz sich nicht in ihrem Charakter ausdrückt?

Mit „Charakter" scheint Kymlicka die Alltagswirklichkeit einer Kultur zu meinen: Was Menschen tun, wie sie leben, ihre Sitten, ihre Vorschriften und die Institutionen, die ihre Existenz gestalten. Durch die Unterscheidung zwischen Charakter und Existenz scheint Kymlicka daher nahezulegen, dass die Kultur der Juden, Navajo oder Franzosen nicht durch das definiert wird, was Juden, Navajo oder Franzosen eben tun. Denn wenn die jüdische Kultur einfach das ist, was Juden tun, und ebenso die französische Kultur das ist, was Franzosen tun, können Kulturen nie verfallen oder untergehen – sie existieren immer in den Handlungen der Menschen.

Wenn eine Kultur jedoch nicht durch das definiert wird, was ihre Angehörigen tun, was definiert sie dann? Die einzige denkbare Antwort lautet, dass sie durch das definiert wird, was ihre Angehörigen tun *sollten*. Der afro-amerikanische Autor Richard Wright beschrieb Bigger Thomas, eine seiner interessantesten Figuren und Held des 1940 erschienenen Romans „Native Son – Sohn dieses Landes"[26] als einen „seiner Kultur beraubten"[27] Mann. Als man „den Neger an diese fremden Küsten verschleppte", argumentierte Wright, „besaß er eine reiche und komplexe Kultur".[28] Doch diese Kultur „wurde ihm gestohlen". Bigger Thomas Vorfahren waren Sklaven, die im Prozess der Versklavung aus ihrer angestammten Heimat gerissen und jener Praktiken und Institutionen beraubt worden waren, die sie als ihre Kultur betrachteten. Deshalb verhielten sich Bigger Thomas und alle schwarzen Amerikaner gänzlich anders als ihre Vorfahren.

Die Sklaverei war ein Gräuel und ihre Folgen für schwarze Amerikaner waren unbestreitbar katastrophal. Doch wie inhuman die Behandlung der Sklaven auch immer war, es ist dennoch fraglich, weshalb ein Nachkomme von Sklaven „seiner Kultur beraubt" sein sollte. Dies kann nur der Fall sein, wenn wir glauben, Bigger Thomas *sollte* sich auf irgendeine Weise anders verhalten, als er es tatsächlich tut – und zwar sollte er sich so verhalten, wie seine Vorfahren es taten. Wir müssten demnach glauben, dass das, was ein Mensch tun sollte, durch das vorgegeben wird, was seine Vorfahren taten. Kultur wird auf diese Weise über biologische Abstammung bestimmt. Und „biologische Abstammung" ist nur eine vornehme Art, „Rasse" zu sagen. In den Worten des amerikanischen Literaturkritikers Walter Benn Michaels: „Damit eine Kultur untergehen kann, [...] muss sie sich vom konkreten Verhalten ihrer Angehörigen trennen lassen, und um vom konkreten Verhalten trennbar zu sein, muss sie sich an die Idee einer Rasse knüpfen."[29]

Dem Argument der Kulturschützer zufolge hat jede Kultur eine ursprüngliche Form, einen Originalzustand.

Sie zerfällt, wenn sie nicht länger in diesem Originalzustand ist. Man spürt den Nachklang vom Konzept des „Typus", das den Kern der Rassenlehre des 19. Jahrhunderts ausmachte. Ein rassischer „Typus" war eine Gruppe von Menschen, die durch ein geteiltes einzigartiges Merkmal miteinander verbunden waren. Jeder Typus ließ sich von anderen durch eine klare Bruchstelle abgrenzen, nur selten gab es Zweifel, zu welchem Typus ein Individuum gehörte. Jeder Typus blieb über die Zeit hinweg konstant. Nur innerhalb enger Grenzen konnten die Mitglieder vom grundlegenden Bauplan, der ihren jeweiligen Typus bildete, abweichen. In weiten Teilen der heutigen Debatten über Multikulturalismus gilt Gleiches für die Kulturen. Denn trotz all des Geredes über Kulturen als fließend und veränderlich führt der Multikulturalismus doch immer dazu, Kultur als etwas Feststehendes zu begreifen. Es lässt sich auch schwer vorstellen, welch anderes Konzept von Kulturen multikulturalistische Politik zugrunde legen könnte. Wie sollten Kulturen bestimmte Rechte zugewiesen werden, oder Kulturen anerkannt und erhalten werden, wenn sie keine klaren Grenzen besäßen?

VIER

Hinter der gegenwärtigen Obsession mit kulturellen Differenzen verbirgt sich eine eigenartige Ironie: Wir wurden genau dann alle zu Multikulturalisten als die Welt nicht vielfältiger wurde, sondern homogener. „Als ich ein Kind war", erinnert sich der in Ghana geborene amerikanische Philosoph Kwame Anthony Appiah, „lebten wir in einem Haushalt, in dem du jeden Tag mindestens drei verschiedene Muttersprachen hörtest. In Ghana, dessen Bevölkerung ungefähr der des Staates New York entspricht, werden mehrere dutzend Sprachen gesprochen und nicht eine einzige dieser Sprachen wird von einer Mehrheit der Menschen zu Hause gesprochen oder auch nur fließend verstanden." Warum also, fragt Appiah, beschäftigen sich die Menschen in den USA, deren Gesellschaft „so viel weniger vielfältig ist als die meisten anderen Gesellschaften der Welt, so intensiv mit Vielfalt und neigen dazu, sie sich als kulturell definiert vorzustellen?"[30]

Der Anteil im Ausland geborener Amerikaner ist heute weit niedriger als zu Beginn des 20. Jahrhunderts. Die Zahl der Eheschließungen über die Grenzen unterschiedlicher Immigrantengruppen hinweg nimmt kontinuierlich zu. Mehr als 97 Prozent der Amerikaner spricht Englisch. Selbst unter den Spanisch sprechenden Einwanderern, der einzigen über ihre Sprache definierten ethnischen Minderheit, liegt der Anteil derjenigen, die kein Englisch beherrschen, bei einem Viertel jenes Wertes, der zu Beginn des 20. Jahrhunderts noch für alle Einwanderer galt. Seinerzeit sprachen die neuen Einwanderer nicht nur ihre eigene Sprache, sondern lasen auch ihre eigenen Zeitungen und pflegten ihre eigenen Ernährungs- und Lebensgewohnheiten. 1923 erschienen zum Beispiel allein für die polnischen Einwanderer 67 Wochenzeitungen, 18 Monatszeitungen und 19 Tageszeitungen, von denen die größte eine Auflage von über 100.000 Exemplaren erreichte.[31]

Heute wird nicht nur über die Sprache, sondern auch über die Supermärkte, Sportstadien, Hollywoodfilme oder Fernsehserien ein gemeinsamer Raum an Erfahrungen und kulturellen Praktiken gebildet, der weiterverbreitet ist als je zuvor und Differenzen überbrückt. Sogar noch bevor heutige Immigranten zum ersten Mal ihren Fuß auf amerikanischen Boden setzen, sind sie vermutlich amerikanischer als frühere Generationen von Amerikanern. Selbst Immigranten aus nicht-europäischen Ländern sind, wie der amerikanische Soziologe Dennis Wong meint, „vermutlich vertrauter mit den wichtigsten Eigenarten unserer Gesellschaft, als dies für süditalienische oder slawische Bauern im späten 19. oder frühen 20. Jahrhundert gegolten haben dürfte."[32]

Für Europa gilt ähnliches: Die vergangenen Jahre

waren von einer intensiven Debatte über die Folgen der Einwanderung in großem Stil geprägt, insbesondere der Einwanderung von Muslimen und deren Folgen für den sozialen Zusammenhalt und die nationale Identität. Ich werde diese Debatte weiter unten detaillierter betrachten. Der Auseinandersetzung liegt der Glaube beider Seiten zugrunde, die europäischen Nationen seien in der Vergangenheit einheitlich gewesen, nun aber vielfältig geworden. Diese Annahme hält einer genaueren Betrachtung nicht stand. Beide Seiten leiden unter einem kollektiven Verlust geschichtlicher Erinnerung.

Während der französischen Revolution sprach weniger als die Hälfte der Bevölkerung Frankreichs französisch und nur 12 Prozent sprachen es „korrekt". Der amerikanische Historiker Eugen Weber zeichnete die außerordentlichen Anstrengungen nach, die im 19. Jahrhundert erforderlich waren, um Frankreich und seine ländlichen Bewohner zu vereinheitlichen und den damit einhergehenden traumatischen und sich lange hinziehenden Prozess kultureller, bildungsbasierter, politischer und ökonomischer „Selbstkolonisierung". Diese Entwicklungen schufen die moderne französische Nation und ermöglichten die Vorstellungen französischer (und europäischer) Überlegenheit über nicht-europäische Kulturen. Sie stärkten auch die Vorstellung von einer tiefgreifenden sozialen und anthropologischen Fremdheit der Masse der ländlichen und sogar der städtischen, Bevölkerung. Im Jahr 1857 erklärte der christliche Sozialist Philippe Buchez in einer Rede vor der Medizinisch-Psychologischen Gesellschaft von Paris zur Bedeutung sozialer Differenz innerhalb Frankreichs:

„Denken wir über eine Gesellschaft wie die unsere inmitten der vorteilhaftesten Umstände nach: eine mächtige Zivilisation, die in Wissenschaft, Kunst und Industrie zu den führenden Nationen der Welt gehört. Ich behaupte, unsere Aufgabe besteht nun darin herauszufinden, wie es sein kann, dass sich inmitten einer Gesellschaft wie unserer Rassen herausbilden – nicht nur eine, sondern mehrere –, die so elend, minderwertig und verfälscht sind, dass man sie unterhalb selbst der minderwertigsten wilden Rassen einordnen muss, denn ihre Minderwertigkeit ist mitunter unheilbar."[33]

Auch das viktorianische England betrachtete die städtische Arbeiterklasse und die arme Landbevölkerung als etwas rassisch Anderes. Eine Skizze vom Alltag der Arbeiterklasse im Saturday Review, einem weit verbreiteten liberalen Magazin jener Ära, gibt die Haltung der englischen Mittelklasse auf typische Weise wieder:

„Die Armen von Bethnal Green[34] sind eine eigene Kaste: eine Rasse, über die wir nichts wissen, deren Leben sich von unserem Leben grundlegend unterscheidet und die sich aus Personen zusammensetzt, mit denen wir keinen Kontakt haben. Und obwohl die Trennung der Klassen und Kasten auf dem Land noch nicht ganz so weit fortgeschritten ist, verläuft auch hier zwischen der großen Masse der armen Landarbeiter einerseits und den Gebildeten und Vornehmen, den Junkern, Pastoren und Händlern andererseits doch eine Grenze, die Sitten und Gebräuche über viele Jahrhunderte hinweg errichtet haben, und die nur unter sehr ungewöhnlichen Umständen überwindbar ist und dann nur für einen Moment. Die Sklaven trennen von den Weißen stärker offensichtliche [...] Unterscheidungsmerkmale, dennoch haben Unterscheidungen und Abtrennung, wie sie die englischen Klassen seit jeher erdulden, die von der Wiege bis ins Grab reichen, die jede Form von Verbindung oder Kameradschaft verhindern, einen vereinheitlichenden Effekt auf das Leben der besonders Armen, isolieren sie auf eine Weise, die der Abtrennung der Sklaven von den Weißen außerordentlich ähnelt."[35]

Heute ist Bethnal Green nicht mehr die Heimat von Lagerarbeitern und Straßenhändlern, sondern eines der wichtigsten Wohngebiete von Einwanderern aus Bangladesch. Auch die heutigen „Armen von Bethnal Green" werden oft als kulturell oder rassisch verschieden betrachtet. Aber nur an den äußersten Rändern der politischen Spektren würde man die Besonderheiten der Bangladeschis mit denen von Sklaven vergleichen. Tatsächlich war das Gefühl des Andersseins im Viktorianischen England viel ausgeprägter als im heutigen Großbritannien. Das liegt daran, dass die realen sozialen und kulturellen Differenzen zwischen einem viktorianischen Gentleman oder Fabrikbesitzer auf der einen Seite und einem Landarbeiter oder Maschinisten auf der anderen viel größer waren als zwischen einem Weißen und einem aus Bangladesch stammenden Bewohner Bethnal Greens dieser Tage.

Egal, für wie fremd der Weiße und der Bangladeschi einander auch halten: Ein 16-Jähriger, dessen Eltern aus Bangladesh einwanderten, ein 16-jähriger Algerier in Marseilles und ein 16-jähriger Berliner türkischer Abstammung tragen vermutlich die gleiche Kleidung, hören dieselbe Musik, schauen dieselben Fernsehsendungen und unterstützen denselben Fußballklub wie ein weißes Kind aus derselben Stadt. Ein Brite in seinen Sechzigern dürfte einen Briten in seinen Zwanzigern vermutlich als kulturell fremder empfinden als einen Asiaten oder Afrokariben seiner eigenen Generation.

Plurale Gesellschaften sind nichts Neues. Aus einer historischen Perspektive sind die Gesellschaften der Gegenwart – selbst jene, die durch massenhafte Einwanderung geprägt sind – nicht besonders plural. Was sich geändert hat, ist die *Wahrnehmung*, der zufolge wir in einer einzigartig pluralen Welt leben, und die *Wahrnehmung* dieser Pluralität in größtenteils kulturellen Kategorien. In der Debatte über Multikulturalismus wird bestimmten Unterschieden (Kultur, Volkszugehörigkeit, Glaube) sukzessive immer mehr Bedeutung zugemessen, während andere Unterschiede (wie Klasse oder zum Beispiel Generation), die man in der Vergangenheit für wichtig hielt, immer weniger Beachtung erfahren. Warum dies so geschah, werde ich später betrachten.

FÜNF

Die Vorstellung, die europäischen Nationen seien einst homogen gewesen, im Laufe der Zeit aber immer vielfältiger geworden, ist ein Mythos, dem beide Seiten der Multikulturalismusdebatte anhängen. Ein weiterer solcher Mythos ist, dass diese Nationen vor allem deshalb multikultureller wurden, weil Minderheiten nach Anerkennung für ihr Anderssein strebten. Die Frage der kulturellen Differenz von Immigranten beschäftigte sicherlich die politischen Eliten. Den Immigranten selbst war sie jedoch bis vor Kurzem recht egal.

Betrachten wir zum Beispiel Großbritannien. Die Ankunft vieler Immigranten aus Indien, Pakistan und der Karibik in den späten 1940er und 1950er Jahren führte zu großer Verunsicherung hinsichtlich der Folgen für die traditionellen Vorstellungen darüber, was es bedeutete, „Britisch" zu sein. Einem Bericht des Kolonialamts von 1953 zufolge könnte „ein großer Anteil Farbiger als sichtbarer Teil unseres sozialen Lebens [...] das Bild von England und Britannien schwächen, mit dem sich Menschen britischer Abstammung überall im Commonwealth identifizieren"[36].

Selbstverständlich brachten die Immigranten aus ihren Herkunftsländern eine Menge Traditionen, Gewohnheiten und kulturelle Sitten mit, auf die sie oft stolz waren. Doch sie sorgten sich nur selten um den

Erhalt kultureller Differenzen und betrachteten dies nicht als politisches Problem. Was sie antrieb, war nicht der Kampf um kulturelle Identität, sondern um politische Gleichberechtigung. Sie wussten, dass dieser Kampf im Kern auf das Schaffen eines gemeinsamen Wertekanons, auf geteilte Hoffnungen und Erwartungen von Migranten und einheimischen Briten zielte, nicht auf die Artikulation unüberwindbarer Gegensätze. Dies gilt auch für jene Gruppe, deren Traditionen, Glaubenssätze und Sitten allgemein als westlichen Gesellschaften besonders fern gelten, und die daher angeblich am nachdrücklichsten auf die Anerkennung ihres Andersseins drängt: Muslime.

Die Muster muslimischer Migration unterscheiden sich bei genauerer Betrachtung kaum von jenen anderer Gemeinschaften. Am einfachsten lässt sich dies in der Abfolge von drei Generationen nachvollziehen: Die erste Generation kam in den 1950er und 1960er Jahren nach Europa, die zweite Generation hatte ihre Kindheit und Jugend in den 1970er und 1980er Jahren, die dritte Generation sind diejenigen, die seitdem erwachsen wurden. Ich weiß, dass dies eine etwas grobe Skizze ist. Sie ist aber dennoch beim Verständnis der sich wandelnden Beziehung zwischen Migranten und europäischen Aufnahmegesellschaften hilfreich. Meine Beispiele stammen hauptsächlich aus Großbritannien, aber die Struktur gilt auch für die Einwanderung in andere europäische Länder.

Die erste Generation muslimischer Einwanderer nach Großbritannien stammte fast ausschließlich aus Indien, war gläubig, aber wenig streng. Der britische Autor und Theaterdirektor Pervaiz Khan, dessen Familie in den 1950er Jahren einwanderte, erinnert sich, wie sein Vater und seine Onkel zum Bier trinken in den Pub gingen. „Sie brachten keinen Alkohol mit nach Hause und sie redeten nicht groß darüber, aber alle wussten, dass sie tranken. Und es war nie ein Problem." Keine Frau trug ein Kopftuch oder gar einen Niqab oder eine Burka. Seine Familie „fastete nur selten am Ramadan", berichtet Khan weiter „und verpasste das Freitagsgebet oft. Man lief nicht herum und gab damit an, wurde aber auch nicht geächtet. Heute ist das völlig anders."[37]

Khans Erfahrungen sind nicht ungewöhnlich. Meine eigenen Eltern waren ähnlich und ebenso die der meisten meiner Freunde. Ihr Glaube drückte sich für sie in ihrer Beziehung zu Gott aus, nicht in einer unantastbaren öffentlichen Identität. Der Islam war in ihren Augen keine allumfassende Philosophie.

Die zweite Generation – meine Generation – war vor allem säkular. Sie sah sich selbst nicht als Muslim oder Hindu oder Sikh, meist auch nicht als Asiate, sondern in erster Linie als schwarz. Schwarz war für uns kein ethnisches Label, sondern ein politisches Symbol. Eine „muslimische Minderheit" im Sinne einer Gemeinschaft, die sich selbst allein oder zumindest primär über den Glauben definierte, gab es in den 1970er Jahren nicht – ebenso wenig, wie es eine Minderheit der Sikhs oder Hindus gab.

Anders als die Generation unserer Eltern, die sich mit Diskriminierungen im Großen und Ganzen abgefunden hatten, engagierten wir uns im Kampf gegen Rassismus. Genauso kämpften wir gegen Religion und gegen Traditionen, die für die Gemeinschaften von Migranten oft kennzeichnend waren. Religiöse Organisationen waren in meiner Jugend kaum sichtbar. Die Organisationen, die die Einwanderergemeinschaften zusammenhielten, waren säkular und oft sozialistisch: Das *Asian Youth Movements*[38] zum Beispiel oder die *Indian Workers' Association*[39].

Erst die Generation, die seit den späten 1980er Jahren erwachsen wurde, begann die Frage kultureller Differenzen für wichtig zu erachten. Paradoxerweise beharrt genau jene Generation, die viel stärker integriert und „verwestlicht" ist als die erste Generation, besonders hartnäckig auf den Erhalt ihrer „Differenz". Dieser Umstand allein sollte uns die vorherrschende Erzählung über das Wie und Warum der Entstehung multikultureller Politik hinterfragen lassen.

Der Bedeutungswandel eines einzigen Wortes bringt die Veränderungen auf den Punkt. Als ich jung war, beschrieb der Begriff „radikal" jemanden, der kompromisslos säkular, bewusst westlich und erklärtermaßen links war: jemanden, der so war wie ich. Heute bedeutet „radikal" in einem muslimischen Kontext das genaue Gegenteil. Es beschreibt einen religiösen Fundamentalisten, einen Menschen, der anti-westlich und gegen Säkularismus ist.

Was für Großbritannien gilt, gilt ebenso in vielen anderen europäischen Staaten. In Frankreich zum Beispiel liegt die Ironie darin, dass – trotz aller gegenwärtigen Feindschaft des französischen Staats gegenüber dem Islam und dem öffentlichen Zuschaustellen islamischer Identität wie der Burka – die Regierung einen Großteil der Nachkriegszeit, während die Arbeitsimmigranten aggressiv säkular waren, diese Säkularität als Bedrohung sah und versuchte, ihnen mehr Religiosität unterzuschieben, beziehungsweise sie ermutigte, ihre traditionellen kulturellen Identitäten zu bewahren.

Paul Dijoud, in den 1970ern Minister für Arbeitsimmigranten in der Regierung von Valéry Giscard d'Estaing, erklärte: „Das Recht auf kulturelle Identität erlaubt es dem Einwanderer, trotz geographischer Distanz seinem Heimatland nahe zu bleiben".[40] Die Regierung suchte im Islam „eine stabilisierende Kraft, die die Gläubigen von Normabweichung, Delinquenz oder Mitgliedschaft in Gewerkschaften oder revolutionären Parteien abhält".[41] Als in den späten 1970ern eine Streikwelle die Autofabriken lahm legte, ermunterte die Regierung die Arbeitgeber, Gebetsräume einzurichten, um so Arbeiter mit Migrationshintergrund, die einen großen Teil der Belegschaften ausmachten, von militanten Aktivitäten abzuhalten.

Die Behauptung, die Minderheiten selbst hätten verlangt, ihre kulturellen Unterschiede öffentlich anzuerkennen und zu bekräftigen, ist daher historisch falsch. Diese Forderung tauchte erst in jüngster Vergangenheit auf. Das Märchen, der Multikulturalismus sei eine Antwort auf Forderungen der Minderheiten, vertauscht Ursache und Wirkung. Es waren nicht die Minderheiten, die Politiker zwangen, eine multikulturelle Politik zu betreiben, sondern genau umgekehrt: Der Wunsch, die eigene kulturelle Identität zu zelebrieren, bildete sich zumindest teilweise in Folge der Einführung multikultureller Politikstrategien.

SECHS

In den vergangenen beiden Jahrzehnten verfolgten viele europäische Nationen multikulturalistische Strategien oder förderten zumindest eine multikulturalistische Haltung, doch sie alle taten dies auf ihre je eigene Weise. Großbritannien und Norwegen, Schweden und Deutschland, die Niederlande und Dänemark: Jedes Land hat seine eigene Geschichte des Multikulturalismus. Im Folgenden werde ich zwei Entwicklungen – die von Großbritannien und Deutschland – vergleichen, um zu verstehen, welche Gemeinsamkeiten trotz aller Unterschiede existieren und was uns diese Gemeinsamkeiten über den Multikulturalismus selbst verraten.

Die Einwanderung einer großen Zahl von Immigranten nach Großbritannien in den 1950er Jahren brachte die politischen Entscheidungsträger in eine Zwickmühle. Einerseits begrüßten sie die zusätzlichen Arbeitskräfte, andererseits waren sie besorgt, welche Folgen diese Einwanderung auf traditionelle Konzepte des „Britisch-Seins" haben sollte.

Doch selbst in den 1950ern war klar, dass sich altmodische Ideen vom „Britisch-Sein" nicht mehr lange aufrechterhalten lassen würden. Zunächst einmal handelte es sich um eine nationale Identität, die ihre Wurzeln in einem Großbritannien und einem Empire hatte, das sich bereits im Zerfall befand. Darüber hinaus hatten der Nationalsozialismus und der Holocaust die eng mit diesem Begriff von nationaler Identität verbundene Vorstellung rassische Exklusivität unhaltbar gemacht. Ende der 1950er Jahre jedenfalls waren schwarze Immigranten in Großbritannien bereits fester Bestandteil der Realität. Trotz immer neuer Versuche durch Politiker von Enoch Powell bis Margaret Thatcher in den nächsten Jahrzehnten, ein rassisch exklusives Konzept von „Britisch" durchzusetzen, war es bereits in den 1960ern offensichtlich, dass die britische Identität auf eine Weise neu entworfen werden musste, die die schwarzen Bürger („Citizens") dieses Landes einbezog.

Die politischen Entscheidungsträger reagierten auf die Einwanderung daher mit einer neuen Doppelstrategie. Auf der einen Seite setzten sie auf eine zunehmend restriktive Einwanderungskontrolle, um speziell nichtweiße Immigranten auszuschließen. Gleichzeitig schufen sie eine Rahmengesetzgebung, die darauf zielte, rassistische Diskriminierung zu verbieten und die Integration schwarzer und asiatischer Einwanderergruppen in die britische Gesellschaft zu ermöglichen.

Diese Doppelstrategie ermöglichte es, ein Bild von Großbritannien als tolerante, pluralistische Nation zu vermitteln, die entschlossen war, jeden Rest diskriminierender Praxis aufgrund rassischer oder ethnischer Differenz[42] auszumerzen. Mit den Worten von Roy Jenkins von der Labour-Partei, Mitte der 1960er Innenminister, machte sich Großbritannien auf, „kulturelle Vielfalt gekoppelt mit Chancengleichheit in einer Atmosphäre gegenseitiger Toleranz" zu schaffen.[43] Zugleich bedeutete die Verknüpfung von Immigration und Integration, dass die Präsenz kulturell „andersartiger" Einwanderer in Großbritannien als Ursache sozialer Probleme wahrgenommen wurde. So erklärte der (eher liberale) Schatten-Innenminister Reginald Maudling von der Konservativen Partei in einer Parlamentsdebatte 1968: „Das Problem entsteht ganz schlicht, weil viele Menschen in diesem Land eintreffen, die aus gänzlich fremden Kulturen stammen und fremde Gewohnheiten und Ansichten mitbringen."[44] Von Anfang an wurden die Probleme der ethnischen Beziehungen also nicht in erster Linie als Folge von Diskriminierung aufgefasst, sondern als Folge kultureller Unterschiede und der Unfähigkeit schwarzer Immigranten, ausreichend britisch zu sein.

Auch die Immigranten beschäftigten sich mit der Frage der Differenz, aber auf andere Weise. Was ihnen Sorgen bereitete, war nicht der Wunsch, anders behandelt zu werden, sondern die Tatsache, dass sie *de facto* anders behandelt wurden. In den 1960er und 1970er Jahren dominierten vier große Themen den Kampf um politische Gleichberechtigung: Der Widerstand gegen diskriminierende Einwanderungskontrolle, der Kampf gegen Diskriminierung am Arbeitsplatz, der Kampf gegen rassistische Überfälle und – besonders explosiv – das Problem der Polizeigewalt. Diese Probleme, jedes für sich und gemeinsam, beinhalteten nicht die Forderung nach kultureller Identität, sondern die Forderung nach politischer Gleichbehandlung. Sie politisierten eine neue Generation schwarzer und asiatischer Aktivisten und erreichten ihren gewalttätigen Höhepunkt in den Unruhen, die in den späten 1970ern und Anfang der 1980er in den Innenstädten Großbritanniens tobten.

Am Nachmittag des 10. April 1981, einem Freitag, stoppte die Polizei von Brixton, Süd-London, Michael Bailey, einen 19-jährigen schwarzen Mann, der aus einer Messerwunde blutete. Zeugen gaben an, er sei in einem Polizeiauto festgesetzt worden, ohne dass ein Krankenwagen gerufen wurde.[45] Es bildete sich ein Menschenauflauf, der das Auto umzingelte und Bailey schließlich befreite. Recht schnell kam es sich zu mehreren Scharmützeln mit der Polizei. Die Festnahme eines anderen schwarzen Mannes am folgenden Tag brachte das Fass endgültig zum Überlaufen und ein Aufruhr brach los. Abends flogen die ersten Molotov-Cocktails. Schockierte Zuschauer konnten in jener Nacht in den Fernsehnachrichten Szenen beobachten, wie man sie in Großbritannien bis dahin nur von den Straßen nordirischer Städte kannte. Bis zum nächsten Tag brannten über 30 Gebäude ab, 120 weitere wurden beschädigt. Über 100 Autos und LKWs gingen in Flammen auf, darunter 56 Polizeifahrzeuge. 300 Polizisten und 65 Zivilisten erlitten schwerere Verletzungen. Es heißt, bis zu 5000 Personen hätten an den Ausschreitungen teilgenommen.

Die Brixton-Krawalle wurden zu einem Symbol für den Zusammenbruch des friedlichen Miteinanders verschiedener Ethnien in Großbritannien. Es war die erste einer Serie von Revolten, die sich in überall in London und weit darüber hinaus ausbreiteten. Von Brixton aus zogen die Gewaltausbrüche in London nach Peckham, Southall, Wood Green, Finsbury Park, Woolwich, Forest Gate und Notting Hill. Weiter nördlich reichten sie bis Liverpool, Birkenhead, Sheffield, Manchester, Hull, Newcastle und Preston. In Mittelengland kam es in Städten wie Coventry, Birmingham, Leicester, Derby und Nottingham zu Unruhen. Auch Städte in Südengland, die kaum als Pulverfässer galten, wurden zum Schauplatz von Zusammenstößen: Southampton, Cirencester, High Wycombe, Gloucester, Luton, Reading und Aldershot. In Wales war Cardiff von Unruhen betroffen. Schließlich kehrte die Gewalt im Juli 1981 nach Brixton zurück. „Von ihrem Ausmaß und ihrer Ausdehnung her", schrieb der schwarze Aktivist Darcus Howe, „erreichte die Revolte die Größenordnung eines ernstzunehmenden Aufstandes."[46]

Die Obrigkeit realisierte, solange die Minderheiten keine politischen Einflussmöglichkeiten hatten, ist ihre

Unzufriedenheit eine Gefahr für die Stabilität der britischen Städte. Vor diesem Hintergrund entstand die Politik des Multikulturalismus. Die seinerzeit von Margaret Thatcher geführte konservative Regierung versuchte, den Immigranten die Hand zu reichen, war aber in einer schwierigen Lage: Kaum jemand aus der schwarzen oder der asiatischen Minderheit war bereit, einer Partei zu vertrauen, die in ihren Augen die Partei des Rassismus war. Die von Labour kontrollierten Kommunalregierungen hingegen verfügten über die moralische Autorität, die Innenstädte sowohl physisch wie auch sozial wieder aufzubauen. Sie entwarfen eine neue Strategie, wie schwarze und asiatische Minderheiten sich als Teil der britischen Gesellschaft fühlen sollten, indem sie Beiräte ins Leben riefen, eine auf Chancengleichheit ausgerichtete Politik entwarfen, Stellen für Minderheiten-Beauftragte schufen, und Organisationen der Minderheiten mit Millionen und Abermillionen Pfund förderten. Kern dieser Strategie bildete eine Neudefinition von Rassismus. Rassismus meinte nun nicht mehr einfach nur die Verweigerung gleicher Rechte, sondern auch die Verweigerung des Rechts, anders zu sein. Die alte Vorstellung britischer Werte oder britischer Identität sei tot, argumentierten der neue Typus von Antirassisten in den Kommunen. Anstatt zu erwarten, dass unterschiedliche Gruppen britische Werte akzeptieren oder eine britische Identität annehmen müssten, sollten diese Gruppen das Recht haben, ihre eigene Identität auszuleben, ihre eigene Geschichte zu erkunden, ihre Werte zu formulieren und ihre eigenen Lebensstile zu verfolgen.

Die Skeptik bezüglich der Idee einer gemeinsamen nationalen Identität erwuchs teilweise aus Zynismus gegenüber dem Konzept „britisch". Einer unter Schwarzen und Asiaten weit verbreiteten Ansicht zufolge diente das Gerede über „Britishness" allein dem Zweck, die Bürgerrechte nicht unabhängig von Hautfarbe oder Abstammung auf alle Briten ausweiten zu müssen, sondern bestimmten Gruppen gleiche Rechte vorenthalten zu können. „Britisch" bedeutete für viele „weiß". Aber die neue anti-rassistische Strategie legte nicht nur altmodische Vorstellungen über die „britische Wesensart" ab, sondern veränderte die Bedeutung von Gleichheit selbst. Gleichheit bedeutet nun nicht mehr, trotz unterschiedlicher Rasse, Ethnie, Kultur oder Glauben die gleichen Rechte zu haben wie alle anderen, sondern unterschiedliche Rechte zu haben und zwar *wegen* dieser Unterschiede.

Im Jahr 2000 veröffentlichte die „Kommission für die Zukunft eines multi-ethnischen Großbritanniens" unter dem Vorsitz des oben zitierten Bhikhu Parekh ihren Bericht mit der berühmten Schlussfolgerung, Großbritannien sei eine „Gemeinschaft von Gemeinschaften", in der Gleichheit „auf eine sich kultureller Unterschiede bewussten Weise definiert und auf eine unterscheidende aber nicht diskriminierende Weise umgesetzt werden muss".[47] Heutzutage gilt der Parekh-Bericht als Definition dessen, was den Wesenskern des Multikulturalismus ausmacht. Doch die ihm zugrundeliegenden Argumente haben sich im Laufe der zwei Jahrzehnte zuvor aus der Antwort des Staates auf die Krawalle in den Innenstädten und die Wut über rassistische Ungleichbehandlung entwickelt. Die Konsequenzen dieser Argumente und dieser Politik werde ich später diskutieren, zunächst möchte ich mich der Frage des deutschen Multikulturalismus zuwenden.

SIEBEN

Deutschlands Weg zum Multikulturalismus nahm einen anderen Verlauf, aber der Ausgangspunkt war sehr ähnlich. Wie viele Staaten Westeuropas litt Deutschland in den Nachkriegsjahren unter einem erheblichen Mangel an Arbeitskräften und begann, systematisch ausländische Arbeitskräfte anzuwerben. Anders als in Großbritannien kamen die neuen Arbeiter nicht aus ehemaligen Kolonien, sondern zunächst aus Italien, Spanien und Griechenland, später dann aus der Türkei. Und sie kamen nicht als Einwanderer oder gar potentielle Bürger, sondern als *Gastarbeiter*[48], von denen man erwartete, dass sie in ihre Heimatländer zurückkehrten, sobald ihre Dienste nicht mehr gebraucht wurden.

Im Laufe der Zeit wurde aus einer vorübergehenden Notwendigkeit jedoch die dauerhafte Anwesenheit von Fremden. Dies lag zum Teil am fortgesetzten Bedarf Deutschlands an diesen Arbeitskräften, zum Teil daran, dass die Einwanderer und mehr noch ihre Kinder Deutschland als ihre Heimat betrachteten. Doch der deutsche Staat betrachte sie weiter als Fremde und verweigerte ihnen die Staatsangehörigkeit.

Die deutsche Staatsangehörigkeit beruhte bis vor Kurzem auf dem *jus sanguinis*, dem zufolge nur Deutscher sein konnte, dessen Eltern ebenfalls Deutsche waren. Dieses Prinzip schloss nicht nur die erste Generation der Einwanderer von der Staatbürgerschaft aus, sondern auch deren in Deutschland geborene Kinder. Erst ein neues 1999 verabschiedetes Staatbürgerschaftsrecht erleichtert den Erwerb der deutschen Staatsbürgerschaft für Einwanderer. Nichtsdestotrotz bleiben die meisten Türken Staatsfremde. Heute leben in Deutschland ca. drei Millionen Menschen türkischer Abstammung, von denen nur etwa mehr als die Hälfte einen deutschen Pass besitzt.

Anstatt eine offene Gesellschaft zu schaffen, die Einwanderer als Gleichwertige willkommen heißt, reagierte die deutsche Politik seit den 1980er Jahren auf das sogenannte „Türkenproblem" mit einer Variante des Multikulturalismus. Anstelle ihnen die Staatsangehörigkeit und einen echten Status in der Gesellschaft zuzugestehen, „erlaubte" man den Einwanderern, ihre eigene Kultur, ihre eigene Sprache und ihren eigenen Lebensstil beizubehalten. Die Folge war die Bildung von Parallelgesellschaften. (‚Parallel Communities' – ein Ausdruck, der durch seine Verwendung im offiziellen Bericht zu den Krawallen im nordenglischen Oldham aus dem Jahr 2001 in Großbritannien populär wurde.[49]) Diese Politik stand nicht so sehr für Respekt vor Vielfalt, sondern bildete eher einen Versuch, der Frage auszuweichen, wie sich eine gemeinsame, inklusive Kultur schaffen lassen könnte.

Die Einwanderer der ersten Generation waren im Großen und Ganzen säkular gesinnt, und wer religiös war, hatte ein gelassenes Verhältnis zu seiner Religion. Heute geht fast ein Drittel aller erwachsenen Türken in Deutschland regelmäßig in die Moschee, ein höherer Anteil als in anderen türkischen Gemeinschaften anderswo in Europa. Die Frauen der ersten Generation trugen fast nie Kopftücher, viele ihrer Töchter heute aber schon. Ohne Anreiz, an der deutschen Gesellschaft teilzuhaben, haben viele nie Deutsch gelernt.

Während der deutsche Multikulturalismus die Einwanderer dazu verleitete, der deutschen Mehrheitsgesellschaft bestenfalls desinteressiert, schlimmstenfalls offen feindlich gegenüber zu stehen, stachelte er zugleich unter den Deutschen eine ablehnende Haltung gegenüber den Türken an. Was es bedeutete „deutsch" zu sein, definierte sich teilweise in Abgrenzung gegen die Werte und den Glauben der ausgeschlossenen Einwanderer. Und da sie sowieso schon ausgeschlossen waren, wurde es auch einfacher, sie zum Sündenbock für die sozialen Probleme Deutschlands zu machen. Einer Meinungsumfrage aus dem Jahr 2010 zufolge war über ein Drittel aller Deutschen der Meinung, das Land werde von „Ausländern überrannt" und über die Hälfte fand Araber „unangenehm".[50]

In Deutschland führte die formelle Verweigerung der Staatsbürgerschaft zu einer multikulturalistischen Politik. In Großbritannien führte die Förderung multikulturalistischer Politik dazu, dass man Angehörige von

Minderheiten *de facto* nicht als Staatsbürger behandelte, sondern einfach als Mitglieder der jeweiligen ethnischen Gruppe betrachtete. In beiden Fällen waren die Konsequenzen zersplitterte Gesellschaften und die Entfremdung vieler Minderheiten und Einwanderer, die als Sündenbock herhalten mussten.

ACHT

Die Geschichte, die ich bis hierher erzählt habe, ist die eines Europas, das nicht so plural ist, wie viele glauben, und von Einwanderern, die sich bedeutend weniger für ihre kulturellen Identitäten interessieren, als über sie behauptet wird. Multikulturalistische Strategien entwickelten sich nicht als Reaktion auf Einwanderer, die nach ihnen verlangten, sondern in erster Linie, weil die politischen Eliten sie benötigten, um Einwanderung zu verwalten und die Wut zu besänftigen, die Erfahrungen mit Rassismus auslösten.

Trifft diese Analyse zu, so stellt sich eine Frage: Wie konnten wir zu der Annahme gelangen, in einer besonders pluralen Gesellschaft zu leben, in der unsere kulturellen Identitäten besonders wichtig sind? Die Antwort liegt in einem komplexen Bündel sozialer, politischer und wirtschaftlicher Veränderungen im Laufe des vergangenen halben Jahrhunderts – Veränderungen, zu denen die Verengung der politischen Sphäre gehört, der Kollaps der Linken, der Niedergang der Klassenpolitik und die Erosion universalistischer Visionen sozialen Wandels. Viele dieser Veränderungen ebneten der Politik des Multikulturalismus den Weg. Zugleich half diese Politik in der Praxis, eine stärker fragmentierte Gesellschaft zu schaffen. Oder, um es anders auszudrücken: Die Politik des Multikulturalismus hat die Probleme, die sie eigentlich lösen sollte, vertieft und in vielen Fällen erst geschaffen. Ich will dies anhand zweier Beispiele zeigen. Das erste Beispiel ist ein Aufruhr in Großbritannien, an den man sich heute kaum noch erinnert, das zweite ist der dänische Karikaturenstreit, den beinahe jeder kennt.

Im Jahr 1985 wurde Handsworth, ein Stadtteil der mittelenglischen Metropole Birmingham, von Ausschreitungen erschüttert. Schwarze, Asiaten und Weiße gingen auf die Straße, um gegen Armut, Arbeitslosigkeit und insbesondere Polizeigewalt zu protestieren. Es folgte ein Gewaltausbruch, bei dem zwei Menschen getötet und mehrere Dutzend verletzt wurden. Es war mehr oder weniger das letzte Aufflackern der Serie innerstädtischer Unruhen der 1980er Jahre.

Zwanzig Jahre später, im Oktober 2005, kam es im benachbarten Stadtteil Lozells erneut zu Straßenschlachten. Dieses Mal spielten sich die Kämpfe nicht zwischen Jugendlichen und der Polizei ab, sondern zwischen Schwarzen und Asiaten. Ein unklares – und ein mit an Sicherheit grenzender Wahrscheinlichkeit falsches – Gerücht, dem zufolge ein jamaikanisches Mädchen von einer Gruppe Asiaten vergewaltigt worden war, führte zu einem Wochenende der Gewalt zwischen den beiden Gemeinschaften, in dessen Verlauf ein junger schwarzer Mann ermordet wurde.

Warum kämpfen diese beiden Gruppen, die 1985

noch gemeinsam kämpften, zwanzig Jahre später gegeneinander? Die Antwort liegt größtenteils in der politischen Reaktion des Rats der Stadt Birmingham auf die ersten Unruhen. Der Rat schuf seinerzeit einen neuen Rahmen für die politische Beteiligung verschiedener Minderheiten. Er rief neun sogenannte Schirmorganisationen ins Leben, die auf Grundlage ethnischer und religiöser Zugehörigkeiten die Bedürfnisse ihrer jeweiligen Gemeinschaften repräsentieren und zugleich die Politik beraten und beim Verteilen von Ressourcen helfen sollten. Zu diesen Schirmorganisationen gehörte das *African and Caribbean People's Movement*, das *Bangladeshi Islamic Projects Consultative Committee*, die *Birmingham Chinese Society*, der *Council of Black-Led Churches*, der *Hindu Council*, das *Irish Forum*, die *Vietnamese Association*, das *Pakistani Forum* und der *Sikh Council of Gurdwaras*.

Das Ziel des Stadtrats bestand darin, die jeweiligen Minderheiten in den demokratischen Prozess einzubinden. Das Problem jedoch war, dass es kaum einen demokratischen Prozess gab. Die Schirmorganisationen selbst hatten kein demokratisches Mandat, genaugenommen hatten sie überhaupt keine Legitimität. Warum sollte der *Council of Black-Led Churches* schließlich beanspruchen können, für die Bedürfnisse und Erwartungen der Menschen afrokaribischer Abstammung in Birmingham zu sprechen? Warum sollten Bangladeschis von einer islamischen Organisation repräsentiert werden oder alle Sikhs von den Gurdwaras? Und was ist eigentlich die Gemeinschaft *der* Bangladeschis oder *der* Sikhs und was sind deren Bedürfnisse und Erwartungen? Man stelle sich vor, der Rat hätte ein „White Forum" geschaffen, das die Bedürfnisse der weißen Gemeinschaft Birminghams repräsentieren sollte. Könnte ein solches Forum die Interessen aller Weißen der Stadt repräsentieren? Mit Sicherheit nicht. Warum sollten wir annehmen, bei Bangladeschis, Sikhs oder Afrokariben sei dies anders?

Dies verweist auf ein Paradoxon der multikulturellen Vision. Der Ausgangspunkt multikultureller Politikansätze ist die Akzeptanz der Vielfalt von Gesellschaften. Zugleich herrscht jedoch die stillschweigende Annahme, diese Vielfalt ende an den Grenzen der jeweiligen Minderheiten. Wie die meisten multikulturellen Politikkonzepte behandelte der Rat der Stadt Birmingham Minderheiten als homogene Einheiten und ignorierte zugleich die Konflikte innerhalb dieser Gruppen. Ein Ratsbericht hielt hierzu fest: „Bis in die Gegenwart beruht ein Großteil der Gleichstellungsarbeit auf der Annahme von Homogenität innerhalb der jeweiligen Gruppen. Unter anderem führt dies zu einer zu großen Abhängigkeit von Personen, von denen man annimmt, sie würden die Bedürfnisse oder Ansichten der gesamten Gruppe repräsentieren, und zu einer übermäßig vereinfachten Herangehensweise an die Befriedigung dieser Bedürfnisse."[51]

Mit anderen Worten: Die Politik des Multikulturalismus entwickelte sich nicht als Antwort auf Bedürfnisse von Minderheiten, sondern trug vor allem dazu bei, diese Minderheitengruppen überhaupt erst zu schaffen, indem sie den Menschen Identitäten zuwies und die internen Konflikte ignorierte, die innerhalb von Klassen, Geschlechtern und Religionsgruppen bestehen. Sie stärkte nicht die Minderheiten selbst, sondern sogenannte Führungspersönlichkeiten in jenen Gemeinschaften, die ihre Position und ihren Einfluss größtenteils der Beziehung verdanken, die sie zum Staat haben.

Während Konflikte *innerhalb* der jeweiligen Minderheiten ignoriert wurden, fachten die politischen Maßnahmen des Stadtrats von Birmingham Konflikte *zwischen* ihnen an. Eine wissenschaftliche Studie schreibt hierzu: „Der Weg der Beteiligung durch Schirmorganisationen führte tendenziell zu Konkurrenz der jeweiligen Gemeinschaften um Ressourcen. Anstatt Bedürfnisse und über die einzelnen Minderheiten hinausgehende Zusammenarbeit in den Mittelpunkt zu rücken, versuchten die jeweiligen Schirmorganisationen meist, ihren eigenen Anteil zu maximieren."[52]

Da nunmehr politische Macht und finanzielle Mittel anhand von Ethnizität verteilt wurden, begannen die Menschen, sich in den Kategorien dieser Ethnien und nur dieser Ethnien zu definieren. „Die Art, wie Gleichstellungspolitik wirkt, zwingt den Menschen eine sehr eindimensionale Sicht auf sich selbst auf", beobachtet Joy Warmington von *Birmingham Race Action Partnership*, einer vom Rat finanzierten, aber unabhängigen „Fair"-Denkfabrik für Gleichstellungsfragen.[53] Werden Menschen politisch aktiv, orientieren sie sich dabei an ihrer Einschätzung, wo sie die Ressourcen herbekommen, um die Probleme anzugehen, die ihnen wichtig sind. Und in Birmingham hilft es zu sagen, man kämpfe für die Bedürfnisse seiner ethnischen oder religiösen Gruppe, weil die politische Administration Ethnizität zunehmend als Grundlage für Ansprüche akzeptiert. Anstatt sich zu fragen, wie die Bedürfnisse der Menschen befriedigt oder Ressourcen gerechter verteilt werden können, sind die Organisationen gezwungen, die Verteilung auf verschiedene Ethnien zu berücksichtigen. Und die Bürger fangen an, in denselben Kategorien zu denken.

Versetzen Sie sich in die Lage eines weltlichen Bangladeschi aus einem heruntergekommenen Stadtteil Birminghams. Sie betrachten sich selbst nicht als Muslim, möglicherweise nicht einmal als Bangladeschi. Aber Sie möchten, dass in Ihrem Viertel ein neues Stadtteilzentrum gebaut wird. Wenn Sie argumentieren, dass Ihre Wohngegend arm und benachteiligt ist, werden Sie nur schwer die Aufmerksamkeit des Rats erringen. Sagen Sie aber, die muslimische Minderheit werde benachteiligt oder es fehle ihr an etwas, öffnen sich auf einmal die städtischen Geldsäckel – nicht, weil der Stadtrat ganz besonders gerne Muslimen hilft, sondern weil das Attribut „Muslim", im Gegensatz zu Attributen wie „arm" oder „benachteiligt", in der Bürokratie als authentische Identität gilt. Mit der Zeit werden Sie anfangen, sich selbst in diesen Kategorien zu betrachten, nicht nur, weil diese Identitäten Ihnen einen Zugang zur Macht verleihen, sondern auch, weil diese Identitäten durch permanente Bestätigung und Verstärkung an sozialer Realität gewinnen. Durch diese Brille werden Sie betrachtet, folglich betrachten Sie sich selbst mehr und mehr auf diese Weise. Schließlich fangen Sie an, Afrokariben, Sikhs und Iren abzulehnen. Teilweise tun Sie dies, weil jene Gruppen Konkurrenten um Zuwendungen des Stadtrats und um Einfluss sind, teilweise auch, weil es zu den Spielregeln gehört, dass die Bestätigung Ihrer Identität darauf beruht, charakteristisch und anders zu sein als die Identitäten anderer Gruppen. Muslim zu sein bedeutet, weder Ire noch Sikh noch Afrokaribe zu sein.

Die Folge nennt der indische Wirtschaftswissenschaftler und Nobelpreisträger Amartya Sen die Politik des „pluralen Monokulturalismus"[54] – eine Politik, die von dem Märchen angetrieben wird, dass die Gesellschaft aus eine Reihe getrennter, homogener Kulturen besteht, die umeinander herumtanzen. Ironischerweise hat diese Politik dazu beigetragen, genau so eine fragmentierte Gesellschaft zu schaffen. Die Folgen für Birmingham waren derart tiefe Gräben zwischen der schwarzen und der asiatischen Minderheit, dass es schließlich zu Straßenschlachten kam.

NEUN

Dank der Politik des Multikulturalismus hat sich die Vorstellung homogener Gemeinschaften mit verheerenden Konsequenzen fest verankert. Doch das ist nur ein Teil des Problems, darüber hinaus ermöglicht diese Politik es den konservativsten und reaktionärsten Gestalten, sich als besonders authentische Stimmen ihrer jeweiligen Gemeinschaften in Szene zu setzen. Schauen Sie sich zum Beispiel die Auseinandersetzung um die dänischen Cartoons an. Wir wissen alle, was passierte: Eine dänische Zeitung, der *Jyllands-Posten*, veröffentlichte eine Serie von Karikaturen mit Darstellungen des Propheten Mohammed, die die Gemüter erhitzten. Der Islam verbietet die Abbildung des Propheten. Also reagierten weltweit Millionen Muslime voller Wut, die bis zur Gewalt reichte.

Nur, dass es so nicht ablief. Erstens gibt es im Islam kein universelles Verbot der Darstellung des Propheten. Im Gegenteil waren Darstellungen von ihm bis vor relativ kurzer Zeit normal, das Bilderverbot entstand erst im Laufe des 17. Jahrhunderts. Selbst in den vergangenen 400 Jahren haben eine ganze Reihe islamischer Überlieferungen, insbesondere schiitische, die bildliche Darstellung des Propheten akzeptiert. In der Bibliothek der Edinburg University in Schottland, in der Bibliothèque Nationale in Paris, im Metropolitan Museum of

Art in New York und im Topkapi Palast Museum in Istanbul finden sich dutzende persischer, osmanischer und afghanischer Manuskripte, die Darstellungen des Propheten enthalten. Auch in vielen Moscheen kann man sein Gesicht sehen – selbst im Iran. Eine im 17. Jahrhundert erbaute Wand in der Imam Zahdah Cha Zaid Moschee in der iranischen Stadt Isfahan zeigt zum Beispiel einen Mohammed, dessen Gesichtszüge klar erkennbar sind.

Selbst heute bereitet der Anblick des Propheten nur wenigen Muslimen Probleme. Kurz nachdem der *Jyllands-Posten* die Karikaturen veröffentlicht hatte, druckte die ägyptische Zeitung *Al Fagr* sie nach. Sie waren von einem kritischen Kommentar begleitet, aber *Al Fagr* hielt es nicht für notwendig, Mohammeds Gesicht verschwinden zu lassen und wurde hierfür nirgendwo kritisiert. Ägyptens religiöse und politische Autoritäten forderten zwar eine Entschuldigung vom dänischen Premierminister, hatten aber keine Einwände gegen die entblößenden Fotos in *Al Fagr*.

Wenn es also im Islam kein universelles Verbot von Bildern des Propheten gibt, stellt sich die Frage, warum überall auf der Welt Muslime von den Karikaturen entsetzt waren. Die Antwort lautet: Sie waren es gar nicht – und die, die es doch waren, trieb viel stärker politischer Eifer an als religiöses Fieber.

Die Veröffentlichung der Karikaturen im September

2005 löste keinerlei unmittelbare Reaktion aus, nicht einmal in Dänemark. Journalisten, die über die fehlende Kontroverse enttäuscht waren, fragten mehrere Imame nach ihrer Meinung. Unter den ersten war Ahmad Abu Laban. Er nutzte die Karikaturen als Gelegenheit, sich selbst als Sprecher der dänischen Muslime zu inszenieren, verlangte nicht nur vom *Jyllands-Posten*, sondern auch vom dänischen Premierminister eine Entschuldigung und organisierte eine Demonstration vor der Redaktion des *Jyllands-Posten*. Doch egal wie sehr sich die Imame auch einsetzten, sie konnten zunächst weder in Dänemark noch im Ausland größere Unruhe auslösen. Anfang Dezember 2005 stellte eine Gruppe dänischer Imame ein 40-seitiges Dossier über die Karikaturen zusammen, und verteilte es an die Delegierten eines Gipfels der Organisation für islamische Zusammenarbeit (OIC) in Mekka. Zwei Wochen später ging eine zweite Delegation dänischer Imame auf Rundreise durch verschiedene Länder des Nahen und Mittleren Osten sowie Nordafrikas. Ende Januar rief Saudi-Arabien seinen Botschafter aus Dänemark zurück und beschloss einen Warenboykott dänischer Güter. Dies hatte zur Folge, dass eine ganze Reihe europäischer Zeitungen die Karikaturen aus „Solidarität" mit dem *Jyllands-Posten* nachdruckten. Erst jetzt – mehr als vier Monate nach der Erstveröffentlichung und nach mehr als vier Monaten angestrengter Bemühungen, eine Kontroverse zu entfachen

– wurde aus der Angelegenheit mehr als ein kleineres diplomatisches Geplänkel. Nun kam es zu Protesten in Indien, Pakistan, Indonesien, Ägypten, Afghanistan, Libyen, Syrien, Iran, Nigeria, Palästina und anderswo. Die dänischen Botschaften in Beirut, Damaskus und Teheran gingen in Flammen auf und über 250 Menschen verloren in den gewalttätigen Protesten ihr Leben.

Warum kontaktierten die Journalisten ausgerechnet Abu Laban? Seine Islamische Glaubensgemeinschaft in Dänemark (Islamisk Trossamfund) hatte nur wenige Unterstützer. Von den insgesamt 180.000 dänischen Muslimen nahmen weniger als 1.000 an den Freitagsgebeten der Gemeinschaft teil. Laban war jedoch berüchtigt für seine Unterstützung von Osama bin Laden (den er als „Geschäftsmann" und „Freiheitskämpfer" bezeichnete) und für seine Reaktion auf die Terroranschläge des 11. September. (Er soll gesagt haben, er „weine trokkene Tränen für die Opfer".) Aus journalistischer Sicht war es einleuchtend, ein Zitat von einer derart kontroversen Person bekommen zu wollen. Einleuchtend war es aber auch aus politischer Sicht.

Heutzutage haben sich in der westlichen Welt viele progressiv gesinnte Menschen[55] angewöhnt, Figuren wie Abu Laban als die wahre, authentische Stimme des Islams zu betrachten. Der dänische Parlamentsabgeordnete Nasser Kjader, der Muslim ist, aber nicht religiös, erzählt von einem Gespräch mit Toger Seidenfaden, dem

Herausgeber des *Politiken*, einer linksgerichteten Zeitung, die den Karikaturen sehr kritisch gegenüberstand: „Er sagte zu mir, dass die Karikaturen alle Muslime beleidigen würden. Ich antwortete, ich sei nicht beleidigt. Worauf er erwiderte: ‚Aber du bist kein echter Muslim.'"[56]

So betrachtet zeichnet sich ein echter Muslim vor allem dadurch aus, dass er sich durch die Karikaturen beleidigt fühlt. Sobald muslimische Authentizität so definiert wird, können nur noch Gestalten wie Abu Laban als echte Muslime gelten. Die dänische Soziologin Jytte Klausen, Autorin des umfassendsten Buchs über den Karikaturenstreit *The Cartoons that Shook the World* (2009), schreibt hierzu, die dänischen Karikaturen seien „nicht nur zum Werkzeug des Extremismus geworden. Darüber hinaus haben sie im Westens eine Seifenoper entstehen lassen, die davon handelt, was Muslime „machen", wenn es um die Frage von Bildern geht."[57] Oder wie Khader es ausdrückt: „Was ich tatsächlich beleidigend finde ist, dass Journalisten und Politiker die Fundamentalisten als die wahren Muslime sehen."[58] Die Mythen über die dänischen Karikaturen – dass alle Muslime die Karikaturen hassen würden und dass es ein theologischer Konflikt gewesen sei – half, aus Abu Laban eine authentische Stimme des Islam zu machen und andere Stimmen zum Schweigen zu bringen. Zugleich schienen Abu Labans Ansichten die Mythen über die dänischen Karikaturen zu bestätigen.

Im Kern dreht sich der Karikaturenstreit nicht nur um die Frage, was beleidigend ist, sondern vor allem darum, *wer entscheidet*, was beleidigend ist. Mit anderen Worten: „Wer spricht für die Gemeinschaft? – Abu Laban oder Nasser Khader?" Dies ist auch der Kern vieler weiterer Auseinandersetzungen über „Anstößigkeiten", angefangen mit der weltweiten Debatte über Rushdies *Satanische Verse* bis zum lokalen Streit über das Theaterstück *Behzti* des zu den Sikh gehörenden Bühnenautors Gurpreet Kaur Bhatti, dessen Aufführungen 2005 in Birmingham auf Druck von Sikh-Aktivisten abgesagt wurden.

ZEHN

Das Problem der Redefreiheit und die Frage, ob Gefühle verletzt werden, spielen in der Debatte um den Multikulturalismus eine zentrale Rolle. In einer pluralen Gesellschaft, so argumentieren viele, müsse die Redefreiheit stärker eingeschränkt werden als in einer homogeneren. Denn damit solche Gesellschaften funktionieren könnten und fair seien, müssten wir den verschiedenen Kulturen und Religionen Respekt zollen. Dies verlange, den öffentlichen Diskurs über diese Kulturen und Glaubenssysteme im Zaum zu halten, um auf diese Weise sowohl Spannungen zwischen gegensätzlichen Kulturen und Glaubenssätzen zu minimieren, als auch die Würde der Individuen zu verteidigen, die ihnen angehören. Wie Modood es formulierte: „Wenn verschiedene Gemeinschaften konfliktfrei denselben politischen Raum besetzen sollen, müssen sie das Ausmaß der Kritik begrenzen, mit der sie den grundlegenden Überzeugungen des jeweils Anderen begegnen."[59] Es scheint, als läge eine der Ironien des Lebens in einer pluralen Gesellschaft darin, dass der Erhalt der Vielfalt von uns verlangt, der Meinungsvielfalt *weniger* Raum zu lassen.

Das Problem dieses Arguments liegt darin, dass das, was als Beleidigung eines ganzen Kollektivs betrachtet wird, in Wahrheit oft eine Debatte *innerhalb* jener Gemeinschaft widerspiegelt. Das ist auch der Grund, weshalb gerade die Arbeiten von Künstlern, die selbst den betreffenden Gruppen angehören, regelmäßig im Brennpunkt der Debatte um Beleidigungen stehen – von Salman Rushdie bis Gurpreet Kaur Bhatti, von Hanif Kureishi bis Sooreh Hera, von Taslima Nasrin bis Maqbool Fida Husain.

Die Kontroverse über *Die satanischen Verse* bildet hierfür ein gutes Beispiel. Weder Salman Rushdie noch seine Kritiker sprachen für die Gemeinschaft der Muslime. Beide Seiten repräsentierten unterschiedliche Strömungen innerhalb des Islams. Rushdie sprach für eine radikale, säkulare Stimmung, die in den 1980er Jahren weit verbreitet war. Seine Kritiker sprachen für einige der konservativsten Muslimgruppen. Das Ziel ihrer Kampagne gegen *Die satanischen Verse* war nicht der Schutz des Islams gegen skrupellose Attacken anti-islamischer Eiferer, sondern die Verteidigung ihrer eigenen privilegierten Position innerhalb der islamischen Welt gegen radikale Kritik und die Verteidigung des Anspruchs, den wahren Islam zu verkörpern, indem man Kritikern die Legitimität entzog. Und dies gelang ihnen zumindest teilweise dank säkular gesinnter Linker und Liberaler, die sie als „authentische" Stimmen der Muslime akzeptierten.

Die satanischen Verse erschienen erstmals im September 1988. Zunächst – für die nächsten fünf Monate – ignorierten die meisten Muslime das Buch, bis Ayatollah Chomeini am 14. Februar 1989 seine Fatwa verkündete. Die Kampagne gegen den Roman beschränkte sich weitgehend auf den indischen Subkontinent und Großbritannien. Außer in Saudi-Arabien gab es nirgendwo in der arabischen Welt, der Türkei oder unter den Muslimen in Deutschland oder Frankreich größere Aufregung. Als die saudische Regierung Ende 1988 versuchte, das Buch in allen muslimischen Ländern verbieten zu lassen, gingen außer Ländern mit hohem indischen Bevölkerungsanteil nur wenige darauf ein. Selbst im Iran war das Buch offen erhältlich und in vielen Zeitungen erschienen Kritiken.

Wie beim Karikaturenstreit war es Politik, nicht Religion, die die Kontroverse über *Die satanischen Verse* zu einer Auseinandersetzung von historischer Dimension erhob. Das Buch wurde in Indien erst bekannt, als Jamaat-e-Islami – eine islamistische Gruppe, die Rushdie in seinem älteren Roman *Scham und Schande* (1983) angegriffen hatte – versuchte, den Roman in einer Wahlkampagne einzusetzen. Von Indien aus schwappte die Anti-Rushdie-Kampagne hinüber nach Großbritannien, wo Jamaat ein von Saudi-Arabien finanziertes Netzwerk von Organisationen unterhielt. Saudi-Arabien verwendete bereits seit den 1970er Jahren Geld aus dem Ölgeschäft weltweit zur Finanzierung salafistischer Organisationen und Moscheen, um die eigene Position als Sprecher der *umma*[60] zu zementieren. Dann kam die iranische Revolution von 1979, die den Schah stürzte, eine islamische Republik errichtete, Teheran zur Hauptstadt des islamischen Radikalismus und Ayatollah Chomeini zu seinem geistigen Führer machte – in direkter Konkurrenz zu Riad. In diesem Konflikt zwischen Saudi-Arabien und dem Iran wurden *Die satanischen Verse* zu einer Waffe. Die ersten Punkte erzielte Saudi-Arabien, die Fatwa war ein Versuch Irans, die Initiative zu übernehmen.

Die Kontroverse über *Die Satanischen Verse* war kein religiöser, sondern vor allem ein politischer Konflikt. Sobald aber das Märchen, dem zufolge die Kontroverse theologischer Natur sei und sich alle Muslime von dem Roman beleidigt fühlten, allgemein akzeptiert war, kamen in der neuen „Welt-nach-Rushdie" viele progressiv denkenden Menschen zu dem Schluss, die Islamisten seien die authentischen Stimmen des Islams und in pluralen Gesellschaften erfordere der gesellschaftliche Friede eine engere Begrenzung der Redefreiheit.

Wie Abu Laban galten auch Rushdies Kritiker als authentische Muslime, wohingegen man Rushdie ähnlich wie Khader für zu verwestlicht, säkularisiert und fortschrittlich hielt, um ihn als wahrhaftige muslimische Stimme gelten zu lassen. Das gleiche widerfuhr Bhatti, Kureishi, Hera und zahllosen anderen. Abermals sehen wir, wie der multikulturalistische Ansatz die Vielfalt innerhalb der Minderheiten ignoriert. In der Konsequenz gelten oft die konservativsten Stimmen als die authentischsten Repräsentanten jener Gruppen, während fortschrittliche Stimmen marginalisiert werden.

Wer darauf insistiert, in einer pluralistischen Gesellschaft müsse die Redefreiheit eingeschränkt werden, um den kulturellen Sensibilitäten Rechnung zu tragen, stellt den Sachverhalt auf den Kopf. Genau deshalb, *weil* wir in einer pluralen Gesellschaft leben, brauchen wir eine möglichst weit gefasste Redefreiheit. In einer homogenen Gesellschaft, in der jeder auf dieselbe Weise denkt, wären Beleidigungen und Kränkungen schlicht überflüssig. In der realen Welt pluraler Gesellschaften ist es jedoch nicht nur unvermeidbar, sondern sogar wichtig, dass die Einen die Empfindlichkeiten der Anderen verletzen. Unvermeidbar ist dies, weil dort, wo unterschiedliche tief verwurzelte Überzeugungen vertreten werden, sich Konfrontationen nicht verhindern lassen. Solche Konfrontationen sind nahezu die Definition dessen, was es heißt, in einer vielfältigen Gesellschaft zu leben. Folglich sollten sie in einem offenen Prozess gelöst und nicht im Namen von „Respekt" oder „Toleranz" unterdrückt werden.

Noch entscheidender: Das Kränken Anderer ist nicht nur unvermeidlich, sondern auch wichtig. Jede soziale Veränderung und jeder soziale Fortschritt bedeutet, die tief verwurzelten Überzeugungen einiger Menschen zu verletzen. Oder um es anders auszudrükken: „Das darfst du nicht sagen!“ ist viel zu oft die Antwort der Mächtigen, wenn deren Macht herausgefordert wird. Zu akzeptieren, dass bestimmte Dinge nicht gesagt werden dürfen, bedeutet zu akzeptieren, dass bestimmte Formen von Macht nicht infrage gestellt werden dürfen. „Menschen“, so formulierte es Rushdie, „gestalten ihre Zukunft, indem sie streiten, infrage stellen und das Unsagbare sagen, nicht indem sie ihre Knie vor Göttern oder Menschen beugen“.

Die Annahme, Beleidigung sei ein Vergehen, geht davon aus, bestimmte Ansichten und Glaubensinhalte seien für manche Menschen so wichtig oder wertvoll, dass sie zu verletzen, zu karikieren oder auch nur infrage zu stellen, der Sphäre des Möglichen entzogen werden sollte. Die Bedeutung des Prinzips der Redefreiheit liegt aber genau darin, dass es eben nichts gibt, das jenseits aller Zweifel liegt. Und genau deshalb ist dieses Prinzip eine permanente Provokation für alle Autorität. Aus diesem Grund ist die Freiheit der Rede nicht nur für die Demokratie essentiell, sondern auch für die Ziele jener Gruppen, für die der formale demokratische Ablauf versagte – zum Beispiel für jene, deren Stimmen durch Rassismus zum Schweigen gebracht wurden. Der wahre Wert der Redefreiheit liegt nicht bei den Mächtigen, sondern bei jenen, die deren Macht herausfordern wollen. Genau umgekehrt hierzu ist die Zensur vor allem für jene wertvoll, die verhindern wollen, dass ihre

Macht herausgefordert wird. Das Recht, die grundlegenden Überzeugungen des jeweils Anderen zu kritisieren, bildet die Basis jeder offenen, vielfältigen Gesellschaft. Sobald wir dieses Recht im Namen von „Toleranz" oder „Respekt" aufgeben, beschneiden wir unsere Möglichkeiten, die Mächtigen herauszufordern und mithin unsere Fähigkeit, Ungerechtigkeit anzuprangern.

ELF

Nachdem ich die Probleme des Multikulturalismus erörtert habe, möchte ich meine Aufmerksamkeit nun seinen Kritikern zuwenden, deren Argumenten ich zum Großteil ebenfalls nicht teile. Ein Großteil der zeitgenössischen Kritik am Multikulturalismus wird von Rassismus, religiösem Eifer oder dem blanken Hass auf alles Fremde getrieben. Nirgendwo wird dies so deutlich wie am Angangs erwähnten Beispiel des norwegischen Massenmörders Anders Behring Breivik.

Angesichts eines Monsters wie Breivik haben viele das Gefühl, keine andere Wahl zu haben, als „die Reihen zu schließen" und zu verteidigen, was Breivik zerstören will. Diese Denkweise fand in den vergangenen Jahren zunehmend Verbreitung, weil populistische Politiker wie der Niederländer Geert Wilders und Parteien vom rechten Rand wie Frankreichs Front National die Unzufriedenheit über Einwanderung ausnutzten. Auch Wortführer des rechten Mainstreams von Merkel über Cameron bis Sarkozy schlugen in den letzten Jahren in ihrer Kritik des Multikulturalismus zum Teil schärfere Töne an. Das „Die-Reihen-Schließen"-Argument missversteht jedoch sowohl die Natur des Multikulturalismus als auch die Essenz der von der politischen Rechten vorgebrachten Kritik – und letztlich auch den Kern des Hasses von Breivik. Ihre Feindschaft gilt in Wahrheit nicht so sehr dem Multikulturalismus als vielmehr Einwanderern, Einwanderung und Vielfalt. Um der Feindseligkeit gegenüber Einwanderern und der Ablehnung von Vielfalt entgegenzutreten, müssen wir auch dem Multikulturalismus entgegentreten.

Der Angriff von rechts auf den Multikulturalismus stützt sich auf die These vom „Kampf der Kulturen" („Clash of Civilization"). Der Ausdruck geht auf den britischen Historiker Bernard Lewis und seinen Aufsatz „The Roots of the Muslim Rage" (1990)[61] zurück und wurde später durch den amerikanischen Politikwissenschaftler Samuel Huntington popularisiert. Huntington schrieb, die Konflikte, die Europa in den vergangenen Jahrhunderten erschütterten – von den Religionskriegen zwischen Protestanten und Katholiken bis zum Kalten Krieg – waren allesamt „Konflikte innerhalb der westlichen Zivilisation"[62]. Die „Schlachten der Zukunft"[63] hingegen würden *zwischen* den Zivilisationen ausgefochten werden. Und die am tiefsten gehende dieser Auseinandersetzungen sei der Konflikt zwischen dem christlichen Westen und dem islamischen Osten, der „viel fundamentaler" sei als jeder Krieg, der „auf unterschiedliche politische Ideologien oder Herrschaftssysteme" zurückgehe.[64] Der Westen müsse seine Werte und Überzeugungen entschieden gegen den Angriff des Islams verteidigen.

Im Kielwasser der Attentate des 11. September 2001 gewann diese Argumentation erheblich an Einfluss.

„Einmal mehr kämpft der Westen gegen ein irrationales, kriegerisches, theokratisch/ideokratisches System, das eine unauflösbare Antithese zu unserer eigenen Existenz bildet", schreibt der britische Schriftsteller Martin Amis.[65] „Der Islam ist nicht nur eine Religion", behauptet der kanadische Journalist Mark Steyn. „Ein globaler *jihad* ist in dieser Religion angelegt", bei der es sich um „einen blutrünstigen Glauben [handelt], in dem sich Gewalt für jedes nur erdenkliche Ziel fast problemlos rechtfertigen lässt".[66] Kardinal Miloslav Vlk, Erzbischof von Prag erklärte: „Am Ende des Mittelalters [...] scheiterte der Islam beim Versuch, Europa mit Waffen zu erobern. [...] Heute jedoch [...] droht der Fall Europas".[67]

In diesem Klima existenzieller Bedrohung wird Einwanderung zunehmend als Trojanisches Pferd betrachtet, das der Zerstörung Europas dient. „Demographisch stellt die enorme Fruchtbarkeit der muslimischen Migranten eine Bedrohung für das kulturelle und zivilisatorische Gleichgewicht im alternden Europa dar", schrieb Thilo Sarrazin in seinem 2010 erschienenen Buch *Deutschland schafft sich ab.*[68] In den vergangenen Jahren warnten Autoren wie Bruce Bawer, Melanie Philipps, Mark Steyn, die italienische Schriftstellerin Oriana Fallaci oder der amerikanische Autor Christopher Caldwell in einer langen Folge neuer Bücher, dass insbesondere die Einwanderung von Muslimen die

Fundamente der europäischen Zivilisation gefährde. „Man stelle sich vor", fordert Caldwell seine Leser auf, „der Westen hätte mitten im Kalten Krieg eine Masseneinwanderung von Menschen aus kommunistischen Ländern erfahren – Menschen, die unentschlossen sind, welche Seite sie unterstützen sollen. So etwas Ähnliches passiert jetzt."[69]

Caldwells *Reflections on the Revolution in Europe* (2009) ist das vielleicht einflussreichste Buch der Einwanderungskritiker und erhielt viel Lob nicht nur von rechts, sondern auch von vielen progressiven Stimmen. Caldwell ist Kolumnist der Financial Times und einer der Herausgeber des konservativen amerikanischen Magazins Weekly Standard, der Titel seines Buches ist eine Verbeugung vor Edmund Burkes *Reflections on the Revolution in France* („Reflexionen über die Revolution in Frankreich") aus dem Jahr 1790, eine Breitseite gegen die Französische Revolution. Caldwell legt dar, warum er glaubt, dass die Folgen der Nachkriegseinwanderung für Europa ebenso dramatisch sind, wie es der Fall des *Ancien Régime* 1789 für Frankreich war.

Caldwells These stützt sich auf zwei Argumente: Erstens, so glaubt er, unterscheide sich die Nachkriegseinwanderung nach Europa fundamental von früheren Einwanderungswellen. Zweitens geht er davon aus, dass sich die Werte des Islams grundlegend von denen des Westens unterscheiden, weshalb die muslimische

Einwanderung zu einer Form der Kolonisierung werde, die das europäische Gesellschaftsgefüge zerreiße.

Vor dem Zweiten Weltkrieg kamen Einwanderer fast ausschließlich aus anderen Europäischen Nationen und waren daher, so Caldwell, leicht zu assimilieren. Er geht so weit zu schreiben, „innereuropäische Bewegungen mit dem Wort ‚Einwanderung' zu bezeichnen, ergibt kaum mehr Sinn, als einen New Yorker in Kalifornien ‚Einwanderer" zu nennen. Vorkriegseinwanderung zwischen europäischen Nationen unterschied sich demnach von der Nachkriegseinwanderung aus Ländern außerhalb Europas, weil „Einwanderung aus Nachbarländern nicht derart große Fragen aufwirft, wie etwa: ‚Wie gut werden die Neuen sich einfügen?', Wollen sie sich assimilieren?' und vor allem: ‚Wo liegt ihre wahre Loyalität?'"[70]

Ein Jahrhundert bevor die Angst vor der Flut der Muslime umging, die angeblich Europa überrollt, wurden die gleichen Ängste angesichts der „Katholikenflut" geäußert. Wie der niederländische Historiker Leo Lucassen beschreibt, wurde der Katholizismus in den Vereinigten Staaten als „grundsätzlich andersartige Kultur und Weltanschauung" wahrgenommen „und wegen der globalen und expansiven Ausrichtung des Glaubens gefürchtet".[71] „Es ist der politische Charakter der römischen Kirche", schrieb etwa der amerikanische Schriftsteller Ralph Waldo Emerson, „der sie inkompatibel mit

unseren Institutionen macht und uns unwillkommen sein lässt".[72]
Nach der katholischen Invasion folgte die der Juden. Das erste Einwanderungsgesetz Großbritanniens, der Alien Act („Fremdengesetz") von 1905, richtete sich vor allem gegen die Einwanderung europäischer Juden, die als unbritisch galten. Der damalige Premierminister Arthur Balfour erklärte, ohne ein solches Gesetz hätten „die Briten der Zukunft möglicherweise noch dieselben Gesetze, dieselben Institutionen und dieselbe Verfassung wie wir [...], doch das Volkstum wäre nicht mehr dasselbe und nicht mehr jenes, das wir unseren Nachfahren in kommenden Zeitaltern wünschen sollten."[73]
Zwei Jahre zuvor hatte sich die British Royal Commission on Alien Immigration („Königlich britische Kommission zu Fragen der Einwanderung") besorgt gezeigt, die Neuankömmlinge könnten dazu neigen, „gemäß ihren Traditionen, Gewohnheiten und Sitten" zu leben, und es gab Ängste, sie könnten „dem englischen Volk [...] die geschwächten, kranken und bösartigen Produkte Europas einpflanzen"[74].

Nicht nur Katholiken und Juden wurden als fremde Invasoren betrachtet. Im Jahr 1930 bestand die französische Bevölkerung zu nahezu einem Drittel aus Einwanderern, die vor allem aus Südeuropa stammten. Heute sind wir der Auffassung, dass italienische oder portugiesische Einwanderer ihren französischen Gastgebern kulturell ähneln. Vor siebzig Jahren galten sie als Fremde, die zu Kriminalität und Gewalt neigten, und sich vermutlich nicht in die französische Gesellschaft assimilierten. „Die Vorstellung, die innereuropäischen Einwanderer der Vergangenheit seien leicht zu assimilieren gewesen, ist ein Märchen", so der französische Historiker Maxim Silverman[75]. Die Nachkriegsmigration hatte eine Geschichtslosigkeit und Amnesie zur Folge, die sowohl die Gesinnung der Vorkriegszeit als auch die zerteilte Natur europäischer Gesellschaften vor jener Einwanderungswelle in Vergessenheit geraten ließ. Aus historischer Perspektive gibt es nur wenig Einzigartiges an den Einwanderern der Gegenwart oder der Art, wie sie in den meisten Aufnahmegesellschaften betrachtet werden.

Caldwells zweitem grundlegenden Argument zufolge hat „der Islam seit seiner Ankunft in Europa vor einem halben Jahrhundert viele der europäischen Sitten, überlieferten Ideen und staatlichen Institutionen, mit denen er in Kontakt kam, zerschlagen oder Änderungen erzwungen oder in sie Rückzugsgefechte gedrängt."[76] „Weder bereichert der Islam die europäische Kultur", so betont Caldwell „noch erkennt er sie an – er ersetzt sie."[77]

Historisch ist das, wie wir gesehen haben, falsch. In den 1960er und 1970er Jahren strebten die muslimischen Einwanderer nicht danach, ihr Anderssein ausdrücken zu können, sondern verlangten im Gegenteil, nicht anders behandelt zu werden. Erst danach begannen Muslime – ironischerweise eine Generation, die weit stärker integriert ist als die ihrer Eltern – ihre kulturelle Einzigartigkeit zu betonen. Das ist das Paradox der Einwanderung und Integration, das nur wenige Akademiker und politische Entscheidungsträger thematisieren oder auch nur zur Kenntnis nehmen.

In jedem Fall entlarvt Caldwell, obwohl er die von Huntington übernommene Idee eines tiefen Risses zwischen dem Islam und der westlichen Zivilisation vertritt, die Lücken dieser Denkweise. „Was säkulare Europäer ‚Islam' nennen", schreibt er, „ist ein Wertesystem, in dem Dante und Erasmus ihr eigenes wiedererkennen würden". Die moderne, säkulare Rechtsordnung, die heute den „Kern europäischer Werte ausmachet, [...] hätte Dante und Erasmus zutiefst irritiert".[78] Es gibt mit anderen Worten kein spezifisch europäisches Wertesystem, das überhistorisch im Gegensatz zu einem einheitlichen Kanon zeitloser, in Stein gemeißelter islamischer Werte steht. Hier liegt das Grundproblem der These vom „Kampf der Kulturen": Eine Blindheit für historischen Wandel, für die Komplexität von Kultur und die enge Verflechtung kultureller Verabredungen. Sowohl die Werte europäischer wie auch die islamischer Gesellschaften haben sich im Laufe des vergangenen Jahrtausends dramatisch gewandelt – teilweise in Folge der Kommunikation miteinander. Es war das islamische Weltreich, das half, die philosophische Tradition des antiken Griechenlands zu erhalten, und in erster Linie dank dieses islamischen Weltreichs konnten westeuropäische Gelehrte diese Tradition zu Beginn des letzten Jahrtausends wiederentdecken. Es ist eine Ironie der Geschichte, dass muslimische Gelehrte auf diesem Weg wesentlich stärker zur Entwicklung christlicher Kulturen beitrugen, als muslimische Kulturen zu prägen. So halfen sie, die tiefe Kluft zwischen dem Westen und dem Islam zu schaffen, die viele Menschen dazu bringt, vom „Kampf der Kulturen“ zu sprechen.

Was so deutlich auffällt, ist die große Ähnlichkeit zwischen den Argumenten der rechtslastigen Kritiker des Multikulturalismus, die mit der These vom „Kampf der Kulturen“ arbeiten, und denen der Multikulturalisten. Es stimmt, dass diese beiden Gruppen einander nicht sehr mögen. Multikulturalisten werfen den Kriegern im Kampf der Kulturen vor, Rassismus und Islamophobie Vorschub zu leisten, die Kulturkrieger wiederum werfen Multikulturalisten vor, eine versöhnliche Haltung gegenüber dem Islamismus einzunehmen. Hinter der Feindschaft verbirgt sich jedoch, dass beide Seiten grundlegende Annahmen über die Natur von Kultur, Identität und Differenz teilen. Beide halten die grundlegenden sozialen Grenzen für kulturelle oder für Zivilisationsgrenzen. Beide betrachten Kulturen beziehungsweise Zivilisationen als homogene Einheiten.

Beide insistieren auf der herausragenden Bedeutung kultureller Identität und auf den Erhalt dieser Identität. Beide nehmen in der Gesellschaft unauflösbare Konflikte wahr, zu denen es infolge unvereinbarer Werte komme.

Selbst die Sprache überwindet die Trennlinie. Im Kern geht es dem populistischen Angriff auf den Multikulturalismus um die Verteidigung „meiner Kultur", „meiner Geschichte", „meiner Tradition". Hört man sich zum Beispiel an, mit welchen Worten Breivik in seinem Prozess seinen Standpunkt erläuterte, so bezeichnete er Multikulturalismus als „Ideologie des Hasses". Er beklagte den ihm – dem Multikulturalismus innewohnenden „Abbau europäischer Kulturen und Werte" und sah seine Taten als Akte „der Verteidigung meiner Kultur und meines Volkes".[79] Das ist genau jene Sprache, die sich um Kultur und Identität dreht, und die der Multikulturalismus in den vergangenen Jahren so intensiv gefördert hat.

ZWÖLF

Martin Amis schrieb, der 11. September 2001 sei „ein Tag der Ent-Aufklärung“[80] gewesen – ein theokratischer Angriff auf liberale und demokratische Traditionen und auf eine säkulare, rationalistische Kultur. Die „Wieder-Aufklärung“ verlange von uns, in einen zivilisatorischen Krieg zu ziehen. Viele sind der Meinung, die These vom Kampf der Kulturen böte eine notwendige Verteidigungslinie für die Werte der Aufklärung.

Doch in den Schriften solcher Liberaler erscheint die Aufklärung oft weniger als ein Wertegerüst, durch das sich progressive Politik gestalten lässt, denn als Mythos, der den Westen definieren soll. Ebenso wie der Multikulturalismus signalisiert auch die These vom Kampf der Kulturen die Aufgabe liberaler Grundwerte. „Eine der wichtigsten Behauptungen der Aufklärung ist, dass seine auf Vernunft basierenden Ideale per Definitionem universell gültig sind“, so der niederländische Autor Ian Buruma in seiner Schrift *Murder in Amsterdam* (2006) über die Bedeutung der Ermordung des niederländischen Regisseurs Theo van Gogh durch einen marokkanischen Islamisten. „Zugleich aber übt die Aufklärung auf einige Menschen eine besondere Anziehung aus [...], weil ihre Werte nicht nur universell gültig sind, sondern, noch wichtiger, „unsere“ – das heißt europäische, westliche – Werte sind.“[81]

Ganz ähnlich argumentiert der amerikanische Autor Sam Harris. Für ihn ist der Islam eine derart fremde Kraft, dass für den Umgang mit Muslimen andere Regeln gelten müssten. Harris trat für die Anwendung der Folter ein, indem er auf ein liberales Argumentationsmuster zurückgriff: „Wenn wir bereit sind, Bomben zu werfen oder sogar riskieren, dass die Kugeln aus unseren Pistolen Unschuldige treffen, sollten wir bereit sein, eine bestimmte Sorte von Verdächtigen eines Verbrechens oder Kriegsgefangene zu foltern."[82] Da die meisten Terroristen Muslime sind, besteht laut Harris eine Notwendigkeit für ‚Racial Profiling' (also die Vorauswahl möglicher Verdächtiger durch die Polizei und Sicherheitsdienste anhand von äußeren Merkmalen) und diskriminierende Kontrollen. Er glaubt auch, dass „einige Vorstellungen so gefährlich sind, dass es ethisch vertretbar sein könnte, Menschen zu töten, die an sie glauben"[83]. Harris ging so weit zu schreiben: „Diejenigen, die über die Bedrohung, die der Islam für Europa darstellt, am vernünftigsten sprechen, sind tatsächlich die Faschisten."[84]

Martin Amis räumte in einem Interview mit der London Times einen „spürbaren Drang" ein, „auszusprechen, dass ‚die Muslime werden leiden müssen, bis sie ihr Haus aufgeräumt haben.' Welche Art von Leid? Lasst sie nicht reisen. Abschiebungen – weit weg. Einschränkung von Freiheitsrechten. Leibesvisitationen bei Menschen, die aussehen, als kämen sie aus dem Nahen Osten oder Pakistan. [...] Diskriminierung, bis es allen Muslimen wehtut und sie anfangen, strenger mit ihren Kindern zu sein."[85]

Amis verteidigte sich später, lediglich einem Gedankenexperiment nachgegangen zu sein, doch dieses Gedankenexperiment offenbarte mehr als deutlich, wie sehr Muslime vielen zeitgenössischen Liberalen als die „Anderen" gelten.

Aufklärung ist ein Werkzeug in der Auseinandersetzung um Werte und Haltungen, die geeignet sind, politische Rechte und soziale Gerechtigkeit voranzutreiben. Sobald sie jedoch als Waffe im Kampf der Kulturen eingesetzt wird, sobald sie ebenso Maßstab für Stammeszugehörigkeit ist wie für progressive Politik, wird von Folter bis zur Kollektivstrafe alles entschuldbar und die Verteidigung der Aufklärung selbst zur Quelle der Ent-Aufklärung.

„Denn sind sie nicht verbundene Gegensätze, die beiden, jeder des anderen Schatten?"[86], fragt Salman Rushdie in *Die satanischen Verse* mit Blick auf seine beiden Anti-Helden Saladin Chamcha und Gibreel Farishta. Man kann die gleiche Frage in Bezug auf den Multikulturalismus und die These vom ‚Kampf der Kulturen' stellen. Beide Antworten auf gesellschaftliche Vielfalt erscheinen als untrennbar verbundene Gegensätze, ein jeder ist der Schatten des anderen, beide verraten fundamentale liberale Prinzipien. Einer von beiden gibt den grundlegenden Anspruch der Aufklärung auf die universelle Gültigkeit ihrer Werte auf und verlangt von uns, stattdessen zu akzeptieren, dass jede Gesellschaft eine Ansammlung unterschiedlicher Gemeinschaften ist, und die gesellschaftliche Harmonie mehr Zensur und weniger Freiheit erfordere. Die andere verwandelt den Glauben an die Aufklärung in eine Stammesangelegenheit: Demnach sind die Werte der Aufklärung gut, weil es unsere Werte sind. Wir sollten diese – unsere – Werte und unseren Lebensstil kämpferisch verteidigen, selbst wenn das heißt, diese Werte und Lebensstile anderen zu verweigern. Oder, wie es Salman Rushdie über Saladin und Gibreel schreibt: „Der eine strebt danach, in das Fremdartige verwandelt zu werden, das er so bewundert, der andere zieht es, voller Verachtung, vor, es selbst zu verwandeln." [87]

Wenn wir sagen, dass wir in einer vielfältigen Gesellschaft leben, meinen wir damit, dass die Welt da draußen unordentlich ist, voller Konfrontationen und Konflikte. Und das ist gut so, denn es sind genau diese Konfrontationen und Konflikte, aus denen kulturelle und politische Bindungen entstehen. Oder um es anders auszudrücken: Vielfalt ist kein Selbstzweck, ihre Bedeutung erwächst gerade daraus, uns zu ermöglichen, aus den Gehäusen unserer Kulturen auszubrechen, indem wir in Dialoge und Debatten eintreten, und unterschiedliche Werte, Glaubenssysteme und Lebensstile auf die Probe stellen. Aber genau diese wertvolle Eigenschaft der Vielfalt – die kulturellen und ideologischen Konfrontationen, die sie mit sich bringt – ist auch das, was vielen Menschen Angst macht. Diese Furcht nimmt zwei Formen an: Einerseits ist da die Furcht vor dem Fremden, ein Gefühl, dass Immigration den nationalen Zusammenhalt schwächt, die Kontinuität der eigenen Geschichte und Kultur zersetzt und westliche Werte unterminiert. Andererseits ist da der Glaube der Multikulturalisten, dass Vielfalt kontrolliert werden müsse, um die Konfrontationen, Konflikte und Spannungen, die aus ihr hervorgehen, zu minimieren, und dass alles fein säuberlich in kulturelle, ethnische und religiöse Schubladen gepresst und die unordentliche Welt so geordnet werden müsse. Dies sind die Saladin Chamchas und Gibreel Farishtas unserer Gegenwart. Es ist an der Zeit, beide abzulehnen. Es ist an der Zeit, sowohl den Multikulturalismus als auch seine Gegner zurückzuweisen. Es wird Zeit, die Unordnung der Welt nicht länger zu fürchten, sondern sie als Voraussetzung sozialen Engagements und als Baustoff sozialer Erneuerung zu sehen.

Anmerkungen

1 Breivik, Anders Behring: „2083 – A European Declaration of Independence", S. 1111, URL: https://publicintelligence.net/anders-behring-breiviks-complete-manifesto-2083-a-european-declaration-of-independence/, (Zugriff 29. 11. 2016).

2 Bawer, Bruce: „Inside the Mind of the Oslo Murderer", Wall Street Journal, 25. Juli 2011, URL: http://www.wsj.com/articles/SB10001424053111903999904576465801154130960, (Zugriff 13. 1. 2017).

3 Phillips, Melanie: „Hatred, Smears and the Liberals Hell-bent on Bullying Millions of us into Silence", Daily Mail, 1. August 2011, URL: http://www.dailymail.co.uk/news/article-2020924/Anders-Behring-Breivik-Liberals-hell-bent-bullying-silence.html, (Zugriff 13.1. 2017).

4 Glazer, Nathan: „We are all Multiculturalists Now", Cambridge: Harvard University Press, Februar 1997 (A.d.Ü.).

5 Hume, David: „An Enquiry Concerning Human Understanding", (Hg. Peter Millican) Oxford University Press, 2007, S. 60. Deutsch in der Übersetzung von Herbert Herring: „Eine Untersuchung über den menschlichen Verstand", Reclam, 1986. Im Internet in der Übersetzung von C. Nathanson (1893) auffindbar: „Eine Untersuchung über den menschlichen Verstand", P. Friesenhahn, 1893, S. 101; URL: https://archive.org/details/bub_gb_xBA_AAAAIAAJ. (Zugriff 16.1.2017). David Hume (1711-1776) war ein schottischer Philosoph, Ökonom und Historiker. Er zählt zu den bedeutendsten Vertretern der Aufklärung. (A.d.Ü).

6 Deutsch im Original (A.d.Ü.).

7 Deutsch im Original (A.d.Ü.).

8 Herder, Johann Gottfried: „Ideen zur Philosophie der Geschichte der Menschheit", Buch XV, S. 215, URL: http://www.zeno.org/Literatur/M/Herder,+Johann+Gottfried/Theoretische +Schriften/Ideen+zur+Philosophie+der+Geschichte+der+Menschheit/Dritter+Teil/Funfzehntes+Buch/1.+Humanit%C3%A4t+ist+der+Zweck+der+Menschennatur, (Zugriff 1.12.2016).

9 Deutsch im Original (A.d.Ü.).

10 Deutsch im Original (A.d.Ü.).

11 Taylor, Charles: „The Politics of Recognition. in: ders.: Multiculturalism: Examining the Politics of Recognition", (Herausgegeben und mit einer Einleitung versehen von Amy Gutman) Princeton NJ: Princeton University Press, 1994, S. 25-73; S. 30. Deutsch in der Übersetzung von Reinhard Kaiser: „Die Politik der Anerkennung" in: Taylor, Charles: „Multikulturalismus und die Politik der Anerkennung", Suhrkamp, 2009 (2012) S. 18. A.d.Ü.: Den entscheidenden Satz, „There is a certain way of being human that is my way" gibt Reinhard Kaiser dort mit "… eine bestimmte Art, Person zu sein…" wieder.

12 Ebd., S. 17.

13 Hall, Stuart: „The Question of Cultural Identity" in: Stuart Hall, David Held und Tony McGrew (Herausgeber): "Modernity and its Futures: Understanding Modern Societies", Cambridge: Polity Press, 1992, S. 273-326; S. 277.

14 Gray, John: „Two Faces of Liberalism", New York: New Press, 2002, S.121.

15 Taylor, Charles: „Die Politik der Anerkennung", a.a.O., S. 18. A. d. Ü.: Taylor bezieht sich hier explizit auf Herder, dessen Gedanken er an dieser Stelle wiedergibt und später (S. 19) mit „Wir erkennen hier die zukunftsträchtige Idee des modernen Nationalismus sowohl in ihrer gutartigen wie in ihrer bösartigen Form" kommentiert.

16 Kymlicka, Will: „Multicultural Citizenship: A Liberal Theory on Minority Rights", Oxford und New York: Oxford University Press, 1992, S. 47.

17 Parekh, Bhikhu: „Superior People: The Narrowness of Liberalism from Mill to Rawls", Times Literary Supplement, 25. Februar 1994, S. 11-13; S. 13.

18 Modood, Tariq: "Introduction: The Politics of Multiculturalism in the New Europe" in: Tariq Modood und Pnina Werbner (Hg.): "The Politics of Multiculturalism in the New Europe", London: Zed Books, 1997, S. 1-26; S. 19f.

19 Young, Iris Marion: „Justice and the Politics of Difference", Princeton NJ, Princeton University Press, 1990, S. 174.

20 Taylor, Charles: „Die Politik der Anerkennung", a.a.O., S. 63 (Fußnote 15).

21 Raz, Joseph: „Ethics in Public Domain: Essays in the Morality of Law and Politics", Oxford: Oxford University Press, 1995, S. 162.

22 Margalit, Avishai und Joseph Raz: "National Self-Determination", Journal of Philosophy 87(9), September 1990, S. 439-461; S. 449.

23 Kymlicka, Will: „Multicultural Citizenship", a.a.O., S. 83.

24 Taylor, Charles: „Die Politik der Anerkennung", a.a.O., S. 27.

25 Kymlicka, Will: „Multicultural Citizenship", a.a.O., S. 104.

26 Wright, Richard: „Native Son – Sohn dieses Landes", Droemer Knaur, 1993. Ins Deutsche übersetzt von Kurt H. Hansen.

27 Wright, Richard: „I bite the hand that feeds me", Atlantic Monthly 155, Juni 1940, S. 826-828; S. 828, URL: http://www.nathanielturner.com/ibitethehandthatfeedsme.htm (14.1.2017).

28 Ebd., S. 827, URL: http://www.nathanielturner.com/ibitethehandthatfeedsme.htm (14.1.2017).

29 Michaels, Walter Benn: „Our America: Nativism, Modernism and Pluralism", Durham NC: Duke University Press, 1995, S. 120f.

30 Appiah, Kwame Anthony: „The Ethics of Identity", Princeton NJ: Princeton University Press, 2010, S. 117.

31 Siehe: Hollinger, David A.: „Postethnic America: Beyond Multiculturalism", New York: Basic Book, 1995, S. 152.

32 Wong, Dennis: „Cultural Relativism as Ideology", Critical Review 11(2), 1997, S. 291 - 300; S. 299.

33 Buchez, Philippe: „Rapport fait à la Société medico-psychologique sur le Traité des dégénérescences physiques, intellectuelles, et morales de l'espéce humaine et des causes qui les produisent", Annales medico-psychologique 3 (1857), S. 455 - 467; S. 462. (Übersetzung aus dem Französischen ins Englische von Kenan Malik, von dort ins Deutsche Niels-Arne Münch.).

34 Bethnal Green ist ein historischer Stadtteil von London, der im 19. Jahrhundert vor allem wegen der Armut seiner Bewohner bekannt war.

35 (anonymer Autor): "Slaves and Labourers", Saturday Review 17, 1864.

36 PRO/CO 1082/22: „Working Party on Coloured People Seeking Employment in the United Kingdom: Draft Report", 28. Oktober 1953.

37 Khan, Pervaiz, Interview mit dem Autor, 20. Oktober 2008. Siehe auch: Malik, Kenan: „From Fatwa to Jihad: The Rushdie Affair and Its Legacy", London: Atlantic Books 2009, S. 46f, 67f, 101f.

38 Asian Youth Movements (AYMs): Gruppen radikaler Jugendlicher asiatischer Abstammung aus der Arbeiterklasse, die in den 70er und 80er Jahren sowohl gegen Rassismus als auch gegen konservative Strömungen innerhalb der asiatischen Minderheit selbst kämpften. Die AYMs organisierten sich über religiöse Grenzen hinweg.

39 Die Indian Workers' Association ist eine politische Organisation in Großbritannien von und für indische Einwanderer und deren Nachkommen. Ihre Arbeitsschwerpunkte liegen in Kampagnen gegen Rassismus, Arbeiterpolitik und Sozialarbeit innerhalb der indischstämmigen Minderheit.

40 Zitiert nach: Kepel, Gilles:, „Les Banlieus d'Islam" Paris: Seuil, 1991, S. 140. (Übersetzung aus dem Französischen ins Englische von Kenan Malik, von dort ins Deutsche Niels-Arne Münch.).

41 Ebd., S. 17 (Übersetzung aus dem Französischen ins Englische von Kenan Malik, von dort ins Deutsche Niels-Arne Münch.).

42 Die Bedeutungen der Begriffe „Rasse" und „Ethnie" sind verwandt, unterscheiden sich aber: „Rasse" bezieht sich allein auf biologische Kriterien (was wegen der geringen genetischen Unterschiede zwischen Menschen zu Zweifeln führt, ob es überhaupt verschiedene menschliche Rassen gibt). Eine Ethnie definiert sich hingegen über Kultur, Sprache, Tradition und ähnliche Kriterien: Ein schwarzer Franzose gehört weiterhin zur „afrikanischen Rasse" – sofern er sich aber nicht bewusst entscheidet, gemäß der Traditionen seiner Vorfahren zu le-

ben, sondern als Franzose lebt und fühlt, ist er ethnisch Franzose. (A.d.Ü.).

43 Zitiert nach: Rex, John und Sally Tomlinson: „Colonial Immigrants in a British City: A Class Analysis", London: Routledge, 1979, S. 170.

44 Zitiert nach: Miles, Robert and Annie Phizacklea: „White Man's Country: Racism in British Politics", London: Pluto, 1984, S. 62.

45 Der Version der Polizei zufolge hatten die Beamten versucht, Bailey in ein Krankenhaus zu fahren, was aber von der aufgebrachten Menge verhindert worden sei. (A.d.Ü.).

46 Howe, Darcus: „From Bobby to Babylon: Blacks and the British Police", London: Race today Publications, 1988, S. 52.

47 Parekh, Bhikhu: Vorwort zu "The Future of Multiethnic Britain: The Parekh Report", London: Profile Books, 2000, S. ix.

48 Deutsch im Original (A.d.Ü.).

49 In Deutschland geht der entsprechende Begriff „Parallelgesellschaft" auf den Bielefelder Soziologen Wilhelm Heitmeier zurück, der ihn Anfang der 1990er Jahre in die akademische Debatte einführte. Populär wurde der Begriff allerdings erst im Rahmen der Debatten um Migration ab etwa 2003. (A.d.Ü.).

50 Decker, Oliver und Marliese Weissmann, Johannes Kiess, Elmar Brähler: „Die Mitte in der Krise: Rechtsextreme Einstellungen in Deutschland 2010", Berlin: Friedrich-Ebert-Stiftung, 2010.

51 Birmingham City Council: „Joint Report of Head of Equalities and Director of Birmingham Race Action Partnership: Development of Issue-Based Community Action Forums", Birmingham: Birmingam City Council, 1999, S. 4.

52 Siehe Smith, Graham und Susan Stephenson: „The Theory and Practice of Group Representation: Reflections on the Politics of Race Equality in Birmingham", Public Administration 83(2), 1995, S. 323-343.

53 Warmington, Joy: Interview mit dem Autor, 21. November 2005. Siehe auch: Malik, Kenan: From Fatwa to Jihad. a.a.O., S.68f.

54 Siehe Sen, Amartya: „The Uses and Abuses of Multiculturalism. Chili and Liberty", New Republic, 27. Februar 2006, S. 25-29, URL: http://www.pierretristam.com/Bobst/library/wf-58.htm, (Zugriff: 16.1.2017).

55 A.d.Ü.: Im Englischen Original spricht der Autor an dieser Stelle von „Western Liberals". Der Satz ist schönes Beispiel für die Schwierigkeiten, auf die ein Übersetzer stoßen kann: Das Englische „liberal" ist nicht bedeutungsgleich mit dem Deutschen „liberal", denn im angelsächsischen Sprachraum meint „liberal" vor allem den Gegensatz zu „rechts" und „konservativ", schließt also das linke Spektrum ein. (Gerade in amerikanischen Debat-

ten zögern Konservative daher oft nicht, den Vorwurf zu erheben, die „Liberals" wollten in den USA den „Communism" einführen. – Eine Vorstellung, die aus deutschsprachiger Perspektive Irritationen auslösen dürfte, aber durchaus dem amerikanischen Sprachgebrauch entspricht. Man beachte auch, wie Malik im nächsten Satz seine Aussage über die „Western Liberals" mit dem Zitat eines „linksgerichteten" Journalisten belegt.) Die jeweils angemessene Übersetzung des Englischen „liberal" war folglich eines der Hauptprobleme beim Übersetzen dieses Texts, häufig verwende ich „progressiv gesinnt", „fortschrittlich" oder ähnliche Formulierungen, mitunter ergänze ich einfach: „... und linke ...". Doch auch da, wo „liberal" im Deutschen stehen blieb, sollte der Leser nicht reflexartig an den deutschen FDP-Liberalismus denken. Meist ist ein deutlich breiteres politisches Spektrum gemeint, dessen gemeinsames Merkmal vor allem darin liegt, im Gegensatz zu den „Kräften der Beharrung" zu stehen.

56 Khader, Nasser: Interview mit dem Autor, 29. September 2008. Siehe auch: Malik, Kenan: „From Fatwa to Jihad", a.a.O., S.163-165.

57 See no Evil: Interview with Jytte Klausen. Index on Censorship 28(4), 18. Dezember 2009, S. 74-80. URL: https://www.indexoncensorship.org/2009/12/from-the-magazine-see-no-evil/ (Zugriff: 16.1.2017).

58 Khader, Nasser: Interview mit dem Autor, 29. September 2008.

59 Modood, Tariq: „Multiculturalism, Secularism and the State" in: Bellamy, Richard und Martin Hollis (Hg.): "Pluralism and the Liberal Neutrality", Ilford, Essex und Portland, OR: Frank Class Publishers, S. 79-97; S. 93.

60 Der arabische Begriff umma bezeichnet die religiöse Gemeinschaft aller Muslime. (A.d.Ü.).

61 Lewis, Bernard: „The Roots of Muslim Rage", The Atlantic, Sept 1990, Seite 47-60. URL: http://www.theatlantic.com/magazine/archive/1990/09/the-roots-of-muslim-rage/304643/, (Zugriff: 16.1.2017); auf Deutsch in etwa: „Die Wurzeln der islamischen Wut" (A.d.Ü.).

62 Huntington, Samuel P.: „The Clash of Civilizations?", Foreign Affairs (Summer 1993): 22-49; S. 23. URL: http://users.metu.edu.tr/utuba/Huntington.pdf, (Zugriff: 16.1.2017).

63 Ebd., S. 22.

64 Ebd. S. 25.

65 Amis, Martin: „Fear and Loathing", Guardian, 18. September 2001, URL: https://www.theguardian.com/world/2001/sep/18/september11.politicsphilosophyandsociety, (Zugriff: 16.1.2017).

66 Steyn, Mark: America Alone: „The End of the World as we know it", Washington: Regnery Publishing, 2006, S. 62.

67 Zitiert nach: Butt, Riazat: „Vatican

Cardinal Blames Christians over 'Islamisation' of Europe", Guardian, 7. Januar 2010, URL: https://www.theguardian.com/world/2010/jan/07/vatican-cardinal-christianity-islam-europe, (Zugriff: 16.1.2017).

68 Sarrazin, Thilo: „Deutschland schafft sich ab", Deutsche Verlags-Anstalt, 2010, S. 267. A.d.Ü.: In einer späteren Auflage relativierte Sarrazin die Aussage mit dem Zusatz „auf lange Sicht". (siehe: Conradi, Malte: „Sarrazin streicht die Genetik", Süddeutsche Zeitung, 16. November 2010, URL: http://www.sueddeutsche.de/politik/streit-um-integration-sarrazin-streicht-die-genetik-1.1024651, (Zugriff: 16.1.2017).

69 Caldwell, Christopher: „Reflections on the Revolution in Europe: Immigration, Islam and the West", London: Anchor Books, 2010, S. 132; auf Deutsch in etwa: „Reflexionen über die Revolution in Europa: Einwanderung, Islam und der Westen" (A.d.Ü.).

70 Ebd., S. 9.

71 Lucassen, Leo: „The Immigrant Threat: The Integration of Old And New Migrants in Western Europe since 1850", Champaign: The University of Illinois Press, 2005, S. 22.

72 Zitiert in: Saunders, Doug: „The Myth of the Muslim Tide: Do Immigrants threaten the West?", New York: Vintage, 2012; S. 122. Ralph Waldo Emerson (1803-1882) war ein ausgesprochen einflussreicher US-amerikanischer Philosoph und Schriftsteller. (A.d.Ü.).

73 Zitiert nach: Klug, Brian: „The other Arthur Balfour: 'Protector of the Jews'", The Balfour Project. 8. Juli 2013, URL: http://www.balfourproject.org/the-other-arthur-balfour-protector-of-the-jews/ (Zugriff: 16.1.2017).

74 Silver, James: zitiert in Eastern Post, 2. November 1901, zitiert in Cohen, Steve: "No One is Illegal: Assylum and Immigration Control Past and Present", Stoke-on-Trent, Staffordshire: Trentham Books, 2003, S. 87.

75 Silverman, Maxim: „Deconstructing the Nation: Immigration, Racism and Citizenship in Modern France", London: Routledge, 1992, S. 81.

76 Caldwell, Christopher: „Reflections on the Revolution in Europe", S. 11.

77 Ebd., S. 17

78 Ebd., S. 197

79 Zitiert nach O'Neil, Brendan: „Breivik: A Monster Made by Multiculturalism", Telegraph, 18. April 2012. URL: http://leejohnbarnes.blogspot.de/2012/04/multi-culturalisms-frankenstein-monster.html, (Zugriff: 21.1.201 (Zugriff: 17.1.2017).
81 Buruma, Ian: „Murder in Amsterdam: The Death of Theo van Gogh and the Limits of Tolerance", London and New York: Penguin Books 2010, S. 29.

82 Harris, Sam: „The End of Faith: Re-

ligion, Terror and the Future of Reason", New York: W. W. Norton 2005, S. 197; Deutsche Ausgabe in der Übersetzung von Oliver Fehn: „Das Ende des Glaubens: Religion, Terror und das Licht der Vernunft",Edition Spuren, 2007.

83 Harris, Sam: „The End of Faith", a.a.O., S. 52.

84 Harris, Sam: „It's Real: It's Scary. It's a Cult of Death", Los Angeles Times, 18. September 2006, URL: http://articles.latimes.com/2006/sep/18/opinion/oe-harris18, S. 2: auch auf seinem Blog unter URL https://www.samharris.org/blog/item/the-end-of-liberalism (Zugriff: 17.1.2017).

85 Dougary, Ginny: "'The Voice of Experience'. Interview with Martin Amis", Times Online, 9. September 2006. URL: http://www.ginnydougary.co.uk/the-voice-of-experience/ (Zugriff: 17.1.2017).

86 Rushdie, Salman: „The Satanic Verses", New York: Viking, 1989, S. 426. Deutsche Ausgabe: Rushdie, Salman: „Die Satanischen Verse", Artikel 19 / Deutscher Bücherbund, 1989, (Übersetzer anonym).

87 Ebd.